# 1~3岁聪明宝宝左脑右脑大开发

高润 著

中国画报出版社
CHINA PICTORIAL PUBLISHING HOUSE

图书在版编目（CIP）数据

1~3岁聪明宝宝左脑右脑大开发/高润著．—北京：中国画报出版社，2011.1
ISBN 978－7－5146－0019－3

Ⅰ．①1… Ⅱ．①高… Ⅲ．①婴幼儿－智力开发 Ⅳ．①G610

中国版本图书馆CIP数据核字（2011）第008172号

## 1~3岁聪明宝宝左脑右脑大开发

| | |
|---|---|
| 出 版 人： | 田 辉 |
| 作 者： | 高 润 |
| 责 任 编 辑： | 齐丽华 |
| 出 版 发 行： | 中国画报出版社 |
| | （中国北京市海淀区车公庄西路33号，邮编：100048） |
| 电 话： | 010－88417359（总编室兼传真）　010－68469781（发行部） |
| | 010－88417417（发行部传真） |
| 网 址： | http://www.zghbcbs.com |
| 电 子 信 箱： | cpph1985@126.com |
| 经 销： | 新华书店 |
| 海外总代理： | 中国国际图书贸易集团有限公司 |
| 印 刷： | 北京嘉业印刷厂 |
| 开 本： | 170mm×240mm　1/16 |
| 印 张： | 17.5 |
| 版 次： | 2011年5月第1版　2012年7月第4次印刷 |
| 书 号： | ISBN 978－7－5146－0019－3 |
| 定 价： | 32.00元 |

（版权所有　违者必究）

# 前言

　　爸爸妈妈们都希望自己的宝宝聪明过人,可是身为父母,你能为自己的宝宝做些什么呢?在这个日新月异的时代,企业靠高水平的经营之道赢得生存空间,而人多半靠灵活的头脑才能立足社会。作为父母,当然不能满足于只是提供给宝宝营养充足的饮食,或是为他提供最新潮、最时尚的玩具,因为,就算把世界上所有的好东西加在一起,也不如让宝宝拥有一个聪明的头脑来得重要。

　　那么,聪明的头脑从哪里来?科学研究证明,大脑是人类智慧的源头,它分为左脑和右脑,而我们的左脑和右脑是以显著不同的方式进行着神奇的工作:左脑的主要功能可分为语言智能、逻辑思维智能、数学智能、自然智能和听觉记忆智能;而右脑的主要功能可分为形象思维智能、空间知觉智能、创造性思维智能、肢体协调智能、人际关系智能和视觉记忆智能。只有左右脑均衡发展,才能使脑力开发达到一定高度,使头脑更为聪明。

　　根据调查研究表明:人的智力60%在4岁以前获取,30%在4—8岁之前获取,10%在8岁以后获取,可见4岁以前开发宝宝的智能是多么重要,而错过了这一时期又是多么可惜。教育家蒙台梭利也曾说过:"人生头三年胜过以后发展的各个阶段。"因此,要让我们的宝宝日后更聪明、智能发育更好,一定要抓住宝宝人生的头三年这个最关键的阶段,充分开发宝宝的智能,使宝宝的左、右脑协调并用,充分整合。

  1—3岁是宝宝大脑开发的重要时期,如何科学地开发宝宝的智力,将决定宝宝以后的人生成就。本书针对不同时期宝宝的智力发育特征,精心制定了有利于宝宝大脑发育的营养方案,同时也详细介绍了开发宝宝左右脑的各种训练以及游戏项目。从中,宝宝不仅能体会到快乐、愉悦、幸福,也能使各方面的能力得到锻炼和发展。

  每个孩子都是父母手中的宝,如何进行早期教育也已经成为了父母的必修课,希望本书能为孩子的智力开发提供帮助,早点发现孩子在某方面的潜在能力,使他们都能健康、聪明地成长。

# 目录

## Part1

### 13—14个月：走路的本领越来越厉害

第一节　开发宝宝的左脑：叠音常出现 / 002

第二节　开发宝宝的右脑：拉着拖车学走路 / 006

第三节　为宝宝左右脑开发提供营养：饮食习惯很重要 / 010

第四节　适合宝宝左右脑开发的游戏：小花猫钻山洞子 / 016

第五节　13—14个月智能开发效果测评 / 024

001

## Part2

### 15—16个月：哼哼短曲惹人爱

第一节　开发宝宝的左脑："搭高楼"、"接火车" / 028

第二节　开发宝宝的右脑：一步一个台阶 / 031

第三节　为宝宝左右脑开发提供营养：益智健脑少吃糖 / 036

第四节　适合宝宝左右脑开发的游戏：红灯停，绿灯行 / 039

第五节　15—16个月智能开发效果测评 / 047

## Part3

### 宝宝17—18个月：学打电话"喂，喂"

第一节　开发宝宝的左脑：小小珠子穿起来 / 052

第二节　开发宝宝的右脑：开开心心"过家家" / 055

第三节　为宝宝左右脑开发提供营养：合理搭配更聪明 / 058

第四节　适合宝宝左右脑开发的游戏：公鸡喔喔叫 / 061

第五节　17—18个月智能开发效果测评 / 068

## Part4

### 宝宝19—20个月：伸出手指学数数

第一节　开发宝宝的左脑：宝宝讲话耐心听 / 072

第二节　开发宝宝的右脑：这是上，那是下 / 076

第三节　为宝宝左右脑开发提供营养：绿色蔬菜养出聪明宝宝 / 081

第四节　适合宝宝左右脑开发的游戏：小兔子乖乖 / 086

第五节　19—20个月智能开发效果测评 / 094

**Part 5**

宝宝21—22个月：自娱自乐玩"乐器"

第一节　开发宝宝的左脑：一个蛋糕分三份 / 98
第二节　开发宝宝的右脑：握着铅笔学写字 / 103
第三节　为宝宝左右脑开发提供营养：吃点"苦"好处多 / 108
第四节　适合宝宝左右脑开发的游戏：点点豆豆 / 111
第五节　21—22个月智能开发效果测评 / 117

**Part 6**

宝宝23—24个月：双脚离地跳起来

第一节　开发宝宝的左脑：礼貌说"谢谢" / 122
第二节　开发宝宝的右脑：剪刀、锤头、布 / 128
第三节　为宝宝左右脑开发提供营养：宝宝吃肉泥了 / 134
第四节　适合宝宝左右脑开发的游戏：小风四，转转转 / 137
第五节　23—24个月智能开发效果测评 / 147

## Part7
### 宝宝25—27个月：带着想象看图画书

第一节　开发宝宝的左脑："我叫xxx" / 152

第二节　开发宝宝的右脑：在游戏中让宝宝跑起来 / 158

第三节　为宝宝左右脑开发提供营养：根据体重调解宝宝的饮食 / 165

第四节　适合宝宝左右脑开发的游戏：摸一摸，猜一猜 / 170

第五节　25—27个月智能开发效果测评 / 181

## Part8
### 宝宝28—30个月：贴着耳朵说悄悄话

第一节 开发宝宝的左脑：小积木搭楼房 / 186

第二节 开发宝宝的右脑：热情待客有礼貌 / 193

第三节 为宝宝左右脑开发提供营养：彩色食品别多吃 / 198

第四节 适合宝宝左右脑开发的游戏：你拍一，我拍一 / 201

第五节 28—30个月智能开发效果测评 / 211

## Part9

### 宝宝31—33个月：古灵精怪问题多

第一节 开发宝宝的左脑：儿歌、诗词记得牢 / 216

第二节 开发宝宝的右脑：听着音乐学跳舞 / 222

第三节 为宝宝左右脑开发提供营养：预防宝宝营养不良 / 227

第四节 适合宝宝左右脑开发的游戏：小小牙刷手中拿 / 232

第五节 31—33个月智能开发效果测评 / 241

## Part10

### 宝宝34—36个月：拿着球拍学打球

第一节 开发宝宝的左脑：听录音讲故事 / 246

第二节 开发宝宝的右脑：踮着脚尖走路 / 252

第三节 为宝宝左右脑开发提供营养：别让零食喧宾夺主 / 256

第四节 适合宝宝左右脑开发的游戏：玩"保龄球" / 259

第五节 34—36个月智能开发效果测评 / 267

♥ Part 1

## 宝宝13—14个月：走路的本领越来越厉害

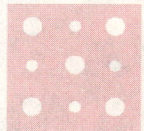    

## 第一节 开发宝宝的左脑：叠音常出现

### 训练宝宝的语言能力

**模仿动物叫**。1岁大小的宝宝，能够学会4种动物的叫声。你可以对他讲一个"动物音乐会"的故事，让宝宝模仿动物叫，如拿出小猫玩具，发出"喵喵"的叫声；拿出小羊的图画，发出"咩咩"的声音，宝宝听到声音觉得好笑，就会跟着学叫；再学习牛叫"哞哞"，鸡叫"喔喔"……以后凡是拿出玩具或图画，孩子都会很快乐地发出特有的叫声，会很好地促进孩子开口说话的兴趣。

**教宝宝正确发音**。正确发音是语言交流的基础，如果发音不准确，宝宝和别人进行语言交流时就会造成很大的障碍。

因此，家长在训练宝宝语言能力的同时，首先应做到教宝宝正确发音。在具体的实践中，家长可先给宝宝示范正确的发音方法，最关键的是要让宝宝看见家长发音时的正确嘴形，并让宝宝仔细观察与模仿。

实践证明，这种方法反复几次以后，宝宝就会试着发出正确的声音了。

**结合宝宝的生活，教宝宝学发重叠音**。有些宝宝会发出重叠音来表示某种东西，如喵喵（猫）、汪汪（狗）、嘀嘀（汽车）、帽帽（帽子）等，这种现象相当普遍，有人称之为"儿语"。不过爸爸妈妈同宝

宝说话时不必将就孩子说这种"儿语"。爸爸妈妈对宝宝说话时,应当直接说猫,使宝宝尽快从"儿语"过渡到正确的语言上来。不过也不必批评或者禁止宝宝说重叠音,因为宝宝发重叠音较为方便,是一种过渡期的发音方法,如果批评或禁止就会使宝宝不敢发音,会影响宝宝学习的积极性。

**沉默期。**在学会称呼爸爸妈妈,会说一些单字期间,宝宝比较安静,不如以前那么爱发出无意义的声音了。人们把这个时期称为沉默期。有些宝宝沉默期很短暂,有些宝宝沉默期较为长一些。在沉默期宝宝会用手指物,或者自己过去拿取东西,而不发出声音。对沉默期人们有各种各样的解释。有人认为,因为这时宝宝的注意力集中在学走上,待完全走稳后他才开口说话;有的认为这是语音的收缩,即在周岁以前宝宝发出许多不同的声音,其中有些是母语所没有的,由于母语的学习渐渐增加,用不到的声音逐渐减少,在语音的收缩期间,宝宝会出现沉默;另一说法是宝宝需要搜集词汇,宝宝说话有一个量变到质变的过渡期,在量变期间,宝宝会沉默一个时期。总之,许多父母都会感到奇怪,为什么这几个月宝宝的发音会减少。如果宝宝听得懂爸爸妈妈的话,照着去做,就不必担心了。

**理解反应。**宝宝会听爸爸妈妈的话,做爸爸妈妈要求做的事。如让宝宝去拿东西、走过来、不要动等,宝宝都能听得懂并照着办。宝宝注意听父母讲话,并有听懂的表情,有时点头表示同意,有时表示反抗或不同意。1岁的宝宝能理解父母同他讲的话,但不能完全听懂父母之间所说的话。但是父母之间的争吵宝宝还是知道的,如果爸爸妈妈之间有不同意见,应避免当着宝宝争论。

### 训练宝宝的精细动作能力

**盖盖、配盖训练。** 家长可以将家里用过的一些带盖的盒子、瓶子、杯子给孩子当玩具玩。家长先要吸引孩子的注意力，让他看到你在摆弄这些瓶子与盖子。同时，一边给孩子讲解一边示范给孩子看，你是怎么把一个瓶盖打开，再盖上的。随后，将瓶子和盖子递到宝宝的手里，让宝宝模仿，教给宝宝如何打开，怎样盖上。开始的时候，宝宝只能拿起瓶和盖分别玩，然后无意识地相碰，慢慢地就能够偶尔把瓶盖放到瓶子口上。

当宝宝每一次成功地配上瓶盖之后，家长要立刻鼓掌，给予赞扬和鼓励。当他熟悉了这个玩法之后，家长再给他另一个不同的盒子与盖子，他又会专心致志地打开、盖上。待他练得熟练后，再给他一些不同大小、形状的瓶子、盒子、杯子等，放在一起，让他通过练习配盖，学习认识不同物体的大小、形状的差异。宝宝在这种打开、盖上，以及选择配盖的简单游戏中，可以促进他手—眼—脑的协调能力快速发展，不仅学会许多操作技能，还可以大大地促进孩子动作智商的发展。

**倒豆、捡豆训练。** 家长为宝宝准备两个广口塑料瓶子，其中一个放上豆子数粒，让宝宝练习将豆子倒出。开始时，家长一只手扶住空瓶，另一只手稍微扶一下宝宝拿瓶子的那只小手，帮助孩子将盛豆子的那一个瓶子的瓶口对准空瓶子的瓶口，将豆子往空瓶子里倒，然后再倒回去。逐渐地将两个瓶子都交给宝宝拿着倒来倒去，慢慢地就不往外撒了。

再准备两个小盘和两个瓶子，让宝宝把豆子倒进盘子里，这时宝宝会把注意

力放在捏取盘子里的豆子上。等孩子捏起豆粒之后,再引导宝宝将捏起的豆子装进瓶子里,宝宝如果都能放到瓶子里,就及时给予鼓励。待宝宝的小手逐渐熟练以后,妈妈可以与宝宝一起捡豆子玩,告诉宝宝与妈妈进行比赛,看看宝宝与妈妈两个人谁捡得快、装得快,以提高孩子的兴趣。

**搭高楼。**搭积木是宝宝空间知觉和手—眼—脑协调水平的重要标志。开始搭时总搭不上,放歪或掉下来,家长在旁稍微扶一下。放一个,要拍手给以表扬,以增强宝宝搭高楼的兴趣和成功的满足感。让宝宝自己随意搭积木,看宝宝搭出来的东西像什么,给它取个名作为鼓励,以发展宝宝的想象力。有了想象的空间,宝宝觉得积木很有意思,就乐意玩积木了。

**投硬币进存钱罐。**存钱盒上有一条窄缝。爸爸给宝宝做一次示范,把硬币投入窄缝里,硬币不见了,用手摇盒子能发出声音。爸爸再打开存钱盒,把硬币取走,再摇盒子就没有声音了。

爸爸给宝宝一个硬币,看宝宝能不能准确地将硬币投入存钱盒中。宝宝拿着硬币用食指在盒面上推来推去,硬币仍在盒子表面上。爸爸再次示范,用食指、拇指捏住硬币,把硬币的边缘插进窄缝里。这回宝宝首先捏紧硬币,把硬币准确地插到窄缝里去,并且拿起盒子来摇出声音。爸爸高兴地把宝宝举起并夸他"真棒"。爸爸留给宝宝3个硬币让他自己练习。

注意:要看好宝宝,不要让宝宝把硬币吞下肚,引起呛噎的危险。在把硬币给宝宝之前,应把硬币放在醋里浸泡2—3小时去掉污垢,再用清洁剂清洗干净。

投硬币游戏让宝宝的手学会捏稳硬币,并准确地把硬币投入窄缝里,可以锻炼手和眼的协调性。

## 第二节 开发宝宝的右脑：拉着拖车学走路

**训练宝宝的大动作能力**

训练宝宝行走。训练宝宝独立行走要有一定的稳定性，如果大人增加一点内容，比如让宝宝拉着拖车一类的玩具行走，或采用抛球出去，让他来回捡球，这些都不失为一些训练宝宝综合动作能力的方法。

和宝宝在地上玩多种动作游戏。如与宝宝玩球、踢球等，这样可锻炼宝宝在独立行走中自如地做各种动作。可让宝宝推着婴儿车玩，教他推车前进、转弯等，还可练习侧身走、后退走，大人在一旁保护，并不断表扬他走得好棒。

自己坐在椅子上。家长需要为孩子准备一把木制的小椅子，椅子背距地面高约为50厘米；椅子面距地面高约为25厘米，椅子面宽约为27厘米；长约24厘米。在平常日子里大人与他玩耍时，可以把他抱在上面坐着玩，孩子也可以扒在上面玩，渐渐地他就可以自己坐在小椅子上面了。如果你建议宝宝坐下，你可以发现他常常是先背对着小椅子站着，然后，转过头来看，或在双腿之间对着看，使自己确定目标。或者，用腿试探出距椅子的距离，先坐在椅子边上，然后滑过去坐在正位上。当然，张开两腿坐在椅子上是更先进的方式了，家长应该做好保护，鼓励宝宝成功地坐在椅子上。

**玩滑梯。**选择只有3—4级的滑梯,妈妈扶着宝宝上到平台,扶宝宝坐下,让他双手扶着两边的护栏,如果下面无人就可以让宝宝慢慢向下滑。玩滑梯会使宝宝很开心,宝宝会要求再玩。如果玩的人很多,一定要等前面的小朋友滑下,完全离开滑梯时才可下滑,不然从上而下的冲力,会使还未离开的宝宝受伤。宝宝从上面滑下来后应当马上离开滑梯,以免受到从上而下的撞击。

滑梯一般设在公园和社区的亲子园内,经常会围着许多孩子,父母既要保护自己的宝宝,也要让宝宝遵守秩序,使大家都玩得愉快。

## 训练宝宝的适应能力

**认识形状训练。**过了周岁,父母就该训练宝宝应开始辨认形状。大人先做示范:将圆形、方形、三角形的形板,分别放入相应的洞穴内,然后取出圆形的形板交给孩子,并示意让他将形板放进圆形洞内。孩子开始模仿时可能放不准,往这里放一下,往那里放一下,最后总算放进去了,高兴极啦,你随即夸奖他,鼓励他,他也十分高兴地连拍手带笑。成功的喜悦会进一步促使他继续放方形、三角形,当孩子放不准确的时候,你就搭一把手,协助他,最后总会都放进去。

如果买不到形板,家长可以用硬纸盒(如点心盒)自己制作,以供孩子练习认识形状的时候使用。

**指认颜色。**宝宝最喜欢家里的遥控器,遥控器大多数是黑色的,宝宝经常拿着玩。有时父母想换频道,要从宝宝手中把遥控器要过来。父母经常会说:"把那个黑的拿来。"宝宝从父母的表情中知道是要遥控器,他会立即送过来。这时爸爸亲亲他,宝宝会受宠若惊,在惊喜之余会记住黑色。爸爸拿出黑色的皮包、黑色的皮鞋、黑色的录音机说:"这些都是黑色的。"经过反复练习,让宝宝学会指认黑色。

**认识自己的东西。**宝宝的用品要放在固定位置,让宝宝找自己的毛巾、水杯、帽子等，也可进一步让宝宝指认妈妈的一二种物品。

**认识物品。**宝宝一起看图片，让他熟练说出各种物体的名称的同时，告诉他每种物品的简单用途及关系等，并经常带宝宝出去玩，让他认识外界的更多的东西。

**比谁画得更长。**拿棍子在土地上画线，比一比谁画得长。宝宝画得不直，同大人比就会使他画得渐渐变直和变长。

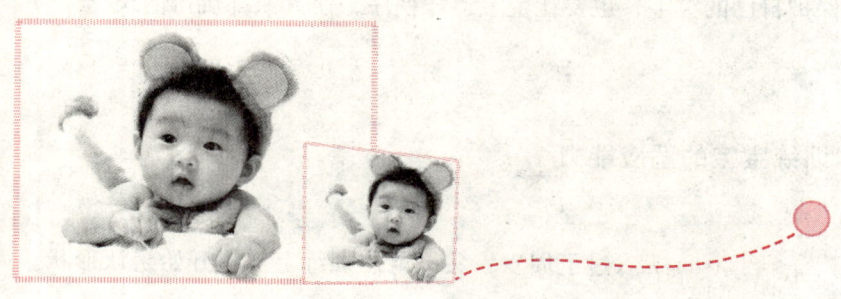

## 训练宝宝的社交行为能力

**照料娃娃。**不论男孩女孩，都喜欢布娃娃或布狗熊等玩具，他们会像妈妈关怀自己一样去关怀布娃娃，抱着它拍拍，哄它不哭，让它睡下，给它盖上毛巾等。应鼓励宝宝关心小伙伴，让他学会关心别人、照顾别人。有的父母认为男孩子玩娃娃没有出息，其实在独生子女的家庭中，宝宝倍受关怀，应当让宝宝学会关爱别人。应当加倍珍惜宝宝自发的关怀别人的举动，让爸爸妈妈同宝宝一起去照料娃娃，以培养宝宝的爱心。

**训练宝宝学会分享。**宝宝长到这个阶段，该是告诉他乐于把食物和玩具和其他伙伴分享的时候了，比如说，可以给他讲一讲小动物分享物品的故事。在家里来了小客人时家长应给他两份食物，告诉他自己留一份，另一份应该给小客人，并及时夸奖他的这种行为；玩玩具时，应和小客人一起玩，共同分享快乐。如果是到别人家做客，家长最好带上一些可以分享的东西,让宝宝送给小伙伴。

**让宝宝学会独自玩耍。**在大人视线范围内,为孩子准备他喜欢的玩具和活动用具,如娃娃、汽车、积木、插片等,让他独自玩。孩子的玩乐是没有我们大人那么强的目的性的,他们只需要体验快乐情绪,玩具是孩子幻想中的玩伴,在他们看来,玩具和真实的朋友类似。所以在孩子专心致志地独自玩耍的时候,家长不要惊扰他,也不要破坏其兴趣,只需要给予尊重和理解就可以了。但是,当孩子提出问题的时候,家长一定要实事求是地认真回答,不能搪塞或敷衍了事,不能让孩子感觉到自己是孤单的,而是让孩子感觉到自己可以随时得到大人的关心和帮助。

**玩水。**宝宝可以随时玩水,在家里可以利用洗澡时玩水。妈妈把塑料碗、空瓶子、玩具鸭等放在澡盆里,让宝宝一面洗澡一面玩水,宝宝可以用瓶子倒水,把水从瓶子里倒进碗里,再将碗里的水倒入瓶中。在澡盆里,不怕把水洒出来,还可以用手把水浇到鸭子身上,用肥皂替鸭子洗澡,用毛巾把鸭子擦干等等。如果天气温暖,宝宝可以洗半个小时,如果害怕水凉了,可以用毛巾把宝宝包裹着抱到妈妈怀里,妈妈用另一手添加热水,使水的温度适合,宝宝一面玩一面同妈妈说话。有些爸爸喜欢同宝宝一起洗澡,互相浇水,互相打打闹闹使宝宝快活。但需要提醒的是,冬天洗澡时最好不玩水,以避免着凉。

**挑哭笑脸。**用纸画两张脸,一张是笑脸,另一张是哭脸。妈妈问宝宝"谁在哭?"让宝宝找出哭脸;又问"谁在笑?"让宝宝找出笑脸。让宝宝装一个哭脸,看宝宝装得像不像。

如果宝宝装得不像,妈妈装一个哭脸给宝宝看,让宝宝照着做一次。

再让宝宝装一个笑脸,宝宝可以装得很像,因为宝宝也觉得很好笑。

学会装不同表情的脸,是让宝宝学会看人的表情,通过面部的表情推测别人在想什么,是高兴还是不高兴,从而纠正自己的行为,这是同人相处所必须的。

## 第三节 为宝宝左右脑开发提供营养：饮食习惯很重要

**培养健康饮食习惯能力**

1岁以后，幼儿的饮食习惯发生变化，对饮食开始挑剔，进食非常容易受外界因素影响，任何响声，任何事情，都能让宝宝停下来看一看，听一听；即使没有什么影响，宝宝也可能会停下来玩一会儿，会把妈妈喂到嘴里的饭菜故意吐出来，或嘟嘟地吹泡玩。这些都是这么大宝宝常有的现象。

所有的爸爸妈妈都希望孩子不挑食，但宝宝天生对好吃赖吃总是分得无比清楚，越长大，他的这种意识就越清晰。于是，我们就要在孩子接触各种各样食物的最开始，帮助他习惯、适应甚至是喜欢上一种健康的饮食生活。具体怎样做？有以下几点方法可供参考：

**1. 妈妈不挑食**

在孩子成长的过程中，父母首先要以身作则，自己保持一个良好的饮食习惯。如果你们不挑拣蔬菜的味道，什么都吃、常常吃一些粗粮、在饭桌上准备足够而适量的鱼、肉，孩子就会把这样的饮食习惯看作自然而然的，而不会产生挑食的模仿效应了。

**2. 让牛奶成为日常必须品**

研究发现，绝大多数孩子每天不能摄取足够的牛奶。儿童时期是骨骼发育的关键时期，孩子每天需要大概两杯牛奶，来帮助骨骼的强健。专家还建议，在孩子两岁之后，就可以用低脂奶来代替全脂奶给孩子喝。如果孩子不愿意，你可以告诉他，喝低脂奶为的是不使他发胖，使他能跑得快跳得高。

### 3. 丰富的食物，丰富的口味

大多数孩子开始接触固体食物是从6个月开始的。当你开始给孩子添加辅食的时候，要按照通常的规则，等孩子接受了一种食物，再添加下一种，这为的是观察一下孩子是否对某些食物有过敏反应。不过，当孩子能够接受一种食物之后，父母千万不要害怕去继续扩大孩子接触食物的范围。孩子在小的时候接触越多各种口味、各种气味、不同质地的食物，对他们将来对食物的接受性越有帮助。

### 4. 拒绝甜饮料

儿童时期的肥胖似乎不能归罪于任何一种食物的效应，但专家们严肃地指出：那些五颜六色的无比诱人的甜甜的碳酸饮料，其实正在冲击着孩子的生活，这就是最大的问题所在。父母可以自己给孩子榨一些100%的鲜果汁。对于6岁以下的孩子，可以每天给他们喝110—170克鲜果汁，6岁以上可以每天喝340克。为了冲淡其中的热量，你也可以把鲜果汁中加上水。当然，最好的解渴饮品其实还是白开水。

### 5. 吃东西要有规律

孩子一天到晚吃东西，就会使他逐渐丧失感觉真正饿的能力。他觉得无聊了吃东西、觉得紧张或烦躁了吃东西、玩儿的时候吃东西、在路途上吃东西……这种习惯不仅会导致孩子发胖，还会使他因为不正常吃饭而营养不良。

1岁左右的孩子，应该每天吃3顿饭，两次加餐，每餐之间相隔3—4小时。这时候是孩子身体结构旺盛发育的时期，所以每天要按时按顿按量（或适量）给孩子吃东西。

### 6. 抵制压力

孩子逐渐长大，逐渐会接触到更多的人：邻居、亲戚、小伙伴等等。

即使在你自己的家里坚持着健康绿色的饮食习惯，那些"垃圾食品"对孩子的诱惑还是无处不在。大人会用糖来哄小孩、小朋友手中有颜色的水很吸引人、快餐广告的形象让孩子喜爱……非健康饮食的压力真的很大。首先，父母们可以尽量向亲友说明自己的原则，请他们不要用这些东西来哄逗孩子，也不要在孩子面前强调这些东西有多好吃。另外，尽量在孩子吃过饭后，再和其他小朋友一起玩儿，吃饱了后的肚子总是对诱惑要降低几分热情的。再有就是，要耐心地温和地给孩子讲为什么不能吃那些垃圾食品，用的语言和道理都要尽量简单浅易，不要怕小宝宝听不懂你的话，久而久之，他就能听懂，并且形成自己的潜意识，帮助他来抵制诱惑，判断自己的饮食选取了。

### 掌握制定食谱的8个原则

#### 1. 注意摄取奶类食品

1岁以后的宝宝，刚刚断奶甚或没完全断奶。虽然，宝宝吃的食物已经和大人一样了，但牙齿尚未发育完全，咀嚼固体食物（特别是肉类）的能力有限，限制了蛋白质的摄入。因此，1岁以后的宝宝，不一定非要从固体食物中摄取足够的蛋白质，饮食上还应该注意摄取奶类，奶类食品仍是他们重要的营养（营养食品）来源之一。美国权威儿科组织建议，奶类与固体食物的比例应为40∶60。每天，应该给宝宝提供乳类500毫升。

#### 2. 食物品质要多样化

宝宝1岁后，母乳不再是他们的主食了。可是，他们的身体生长发育仍然需要多种营养素，这就必须得从多种多样的食物中摄取。各餐的食物搭配要合适，有干有稀，有荤有素，饭菜要多样化，每天不重复。比如，主食轮换吃软饭、面条、馒头、包子、饺子、馄饨、发糕、麻酱花卷、菜卷等，注意利用蛋白质互补作用，用肉、豆制品、蛋、蔬菜等混合做菜，一个炒菜里可同时放两三种蔬菜，也可用几种菜混合做馅，还可在午饭或早餐吃些蒸胡萝卜、卤猪肝、豆制品等，以刺激宝宝的食欲，对食物产生吃的兴趣。

### 3. 合理安排各餐营养素比例

按照早餐要吃好，午餐要吃饱，晚餐要吃少的营养比例，把食物合理安排到各餐中去。各餐占总热量的比例，早餐占30%，午餐占40%，晚餐占30%。为了满足宝宝上午活动所需热能及营养，早餐除主食外，还要加些乳类、蛋类和豆制品、青菜、肉类等食物，午餐的进食量应高于其他各餐。因为，宝宝已经活动了一上午，下午还有更长时间的活动。

### 4. 食物宜软、烂、碎

随着年龄增长，宝宝的牙齿逐渐出齐了，但胃肠消化能力还相对较弱。因此，食物制作上一定要注意软、烂、碎，以适应宝宝的消化能力。

### 5. 注意增加每天的餐次

宝宝的胃要比成年人小，不能像大人那样在一餐中进食很多。可宝宝对营养的需求量却比大人多，因此，每天进餐次数不能像大人那样以一日三餐为标准，应该进餐次数多一些。一般来讲，1—1岁半的宝宝，每天进餐5—6次，即早、中、晚三餐加上午、下午点心各1次。在临睡前增加1次晚点心，但3次加餐的点心不宜太多，以免影响正餐。

### 6. 食物保持清淡无刺激口味

不能根据大人口味喜好来为宝宝做食物。应该以天然、清淡为原则，添加过多的盐和糖都会使宝宝的肾脏负担增加，损害其功能，并养成日后嗜盐或嗜糖等不良习惯；更不宜添加调味品、味素及人工色素等，这样会影响宝宝的健康。

### 7. 宝宝与家人一起规律进餐

如果让宝宝与家人一起进餐，不仅可使他们获得必须的营养，同时还可和大人在交谈中学到均衡营养的常识，以及怎样去与别人分享食物。

### 8. 妈妈注意饮食烹调的方法

烹调时，不仅要注意适合宝宝的消化功能，即细、软、烂、嫩，还同时应注意干稀、甜咸、荤素之间的合理搭配，注意食物的色、香、味，以此提高宝宝的食欲。

### 宝宝断奶后每日应摄取的食物

在给宝宝每天吃的食物中,要能够满足宝宝每天所需的热量和各种营养素。各种营养素之间的比例也要适当,才算是量足质好,才能保证宝宝生长发育的需要,这就需要给宝宝制定一个饮食平衡的计划,均衡地搭配各种食物之间的比例。现在还没有哪一种食物能完全满足宝宝的全部营养需要,它们总是含这个营养素多一点,又缺少那个营养素,如果把多种食物互相搭配起来混合吃,食物之间取长补短,互补有无,宝宝的营养就能满足了。

儿童的食物大致包括以下6类:

**1. 淀粉类的食物**

如谷类、薯类(含淀粉多的蔬菜有土豆、白薯、芋头、南瓜等),这类食物是糖类和植物蛋白的主要来源,也是维生素B的来源。

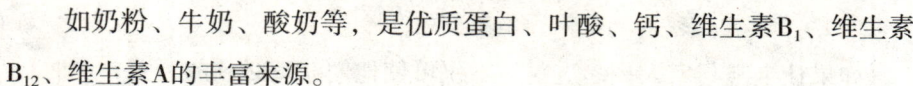

**2. 奶类和奶制品类**

如奶粉、牛奶、酸奶等,是优质蛋白、叶酸、钙、维生素$B_1$、维生素$B_{12}$、维生素A的丰富来源。

**3. 蛋白质类食品**

优质蛋白、微量元素、维生素B等主要是从肉、禽、鱼、虾、蛋、豆类食品中获取的。

### 4. 蔬菜类

黄红色蔬菜、深绿色蔬菜、瓜果含有丰富的维生素C、维生素A和叶酸。

### 5. 水果类

水果是维生素、矿物质和食物纤维素的来源。

### 6. 油脂类

油脂类主要包括猪油和植物油,其中以植物油为好,它的主要作用是供给热能和维生素A、维生素D、维生素E。

宝宝在1—2岁的时候,每天的饮食中这6类食物的大致需要量是:奶类250毫升,蛋白质类食物50克,蔬菜类150克,水果类75克,淀粉类200克,油脂类15克。各类食物的品种可根据市场季节供应情况进行调整。可以每周作个简单的饮食计划,做到买菜时心中有数,从而落实宝宝饮食平衡的计划。

## 第四节 适合宝宝左右脑开发的游戏：小花猫钻山洞子

**跟着爸爸一起走**

◯ 游戏目的

锻炼行走能力。宝宝行走能力的发展和其他动作发展一样，经历着既有连续性又有阶段性的过程。这个游戏的作用在于进一步锻炼宝宝双手、双腿动作的协调性、随意性和灵活性。

◯ 游戏准备

宝宝和爸爸一起脱去鞋子，在地板或地毯上玩。

◯ 游戏步骤

1. 直立走：爸爸双脚稍分开站立，宝宝面对爸爸，双脚踩在爸爸脚背上，双手抱着爸爸腿。爸爸往前走，宝宝随之向后退；爸爸向后退，宝宝随之向前行。

2. 仰着走：爸爸双脚稍分开站立，宝宝面对爸爸，双脚踩在爸爸脚背上，双手拉着爸爸双手，身体往后仰。宝宝跟着爸爸走，爸爸转圈，宝宝也跟着转圈。

**游戏提醒**

爸爸移动脚步的幅度要小，以免宝宝跟不上而跌倒。

### 背狗狗

⚪ **游戏目的**

锻炼宝宝协调能力。这个游戏能够锻炼宝宝的感觉协调能力。宝宝感知的发展趋势是逐渐趋向组合与协调，对不同感觉信息的分析和转化能力是宝宝感知能力提高的标志。婴儿时期的智力是"感知运动智力"，如果宝宝不具有良好的空间知觉能力，就会影响到宝宝将来的发展和生存。

⚪ **游戏准备**

家中或室外较大的游戏空间。

⚪ **游戏步骤**

1. 爸爸把宝宝背在背上，走来走去，一边摇晃，一边哼着歌谣："背狗狗，背狗狗，背在背上热乎乎，谁买，快来买。"妈妈说："不买。"

2. 爸爸继续走来走去，一边摇晃，一边哼着歌谣："背狗狗，背狗狗，背在背上热乎乎，谁买，快来买。"爷爷说："没钱买。"

3. 奶奶把宝宝抱过来："人家不买我要买，好乖乖，奶奶最喜欢。"拍拍宝宝小屁股，亲亲小脸蛋。

**游戏提醒**

不要给宝宝穿带扣子或拉锁的衣服，以免滑动时擦伤宝宝皮肤。

### 小花猫钻山洞

⚪ **游戏目的**

锻炼爬行。1岁宝宝爬行的水平，直接影响到他行走和站立能力的发展。而且，变换身体方位和空间感觉的爬行游戏有助于丰富宝宝的空间知觉，为宝宝视觉空间智能发展打下基础。视觉空间智能高的人，通常有较好的方向感、空间感。在职业表现上通常多从事设计类的工作，如建筑师、室内设计师、服装设计雕塑、摄影师等。

◯ 游戏准备

家中干净的地板。

◯ 游戏步骤

1. 爸膝盖着地，手撑地，搭成一个"山洞"。

2. 在爸爸身体的一侧堆放一些玩具，鼓励宝宝钻过"山洞"，向前爬，拿回玩具。宝宝拿到玩具后，鼓励宝宝"往回爬"，把玩具交给妈妈。

3. 宝宝钻过"山洞"时，爸爸、妈妈为宝宝欢呼。宝宝为妈妈拿回玩具，妈妈要及时给予鼓励并数数。

**游戏提醒**

1. 可以在地面铺上小毛毯或其他柔软的覆盖物，以免地板太硬，宝宝觉得不适。

2. 对不爱爬的宝宝，爸爸、妈妈可多与宝宝开展亲子竞技互动游戏，提高宝宝爬行兴趣，培养宝宝钻、爬的能力。

## 小手抓球球

◯ 游戏目的

锻炼宝宝的抓握能力。1岁宝宝手指抓握能力还很差，这个游戏可以帮助宝宝提高抓握力和动作的准确性，达到刺激大脑发育的目的。意志是高度发达的主观能动性的反映，坚持性是宝宝意志发展的主要指标，意志力锻炼可以防止任性等不良意志品质的产生。

◯ 游戏准备

一些五颜六色的玻璃球或鹅卵石、两个塑料小碗。

◯ 游戏步骤

1. 妈妈先给宝宝做示范，把小玻璃球从一个碗里抓到另外一个碗里。

2. 宝宝用小手抓玻璃球，从一个碗里抓到另一个碗里，中途不要掉。掉了也不要责怪宝宝，一定要说："宝宝真能干，没关系！"

3. 开始时把两只碗放近一些，可逐渐加大两只碗的距离，增加游戏难度。

4. 鼓励宝宝左右手轮换抓。

**游戏提醒**

1. 一定要告诉宝宝：玻璃球（鹅卵石）不能往嘴里放。

2. 游戏过程中要时刻注意宝宝的举动，千万不能让宝宝独自玩这个游戏，以免发生危险。

## 我让爸爸当飞机

**游戏目的**

提高适应能力。1岁左右的宝宝，需要更多的身体感觉经验，多和宝宝进行简单易行的游戏，可以丰富宝宝的身体感觉经验。积极的早期体验和互动影响着宝宝的情感发展，简单的合作游戏，对宝宝从小建立合作意识、团队精神大有益处。

**游戏准备**

床上、地板上。

**游戏步骤**

1. 爸爸蹲下，妈妈帮助宝宝骑到爸爸肩上。妈妈在旁边保护宝宝。

2. 爸爸抓住宝宝的双手说："飞机就要起飞了，请小朋友坐好。这位小朋友要去哪？"

3. 爸爸慢慢站起，在地上转一两圈，说："飞机降落了，请小朋友下飞机。"

4. 做游戏时可以说出一个亲属所在的地名，加入一些对话，增加宝宝对语言、声音的刺激和感受，加快宝宝语言能力的发展。

● **游戏提醒**

1. 开始游戏时，要帮助宝宝克服对高度的恐惧，等宝宝基本适应后，再开始游戏。

2. 爸爸起身和转圈的幅度要小一点，注意宝宝的反应。

## 酸和甜，尝一尝

● **游戏目的**

味觉训练。这个游戏通过让宝宝品尝、分辨不同食物的味道，丰富宝宝的味觉体验，提升宝宝的感觉智能。

● **游戏准备**

西瓜汁、酱油、柠檬汁各少许（也可以是醋、盐、糖等），3个透明的玻璃杯，3根筷子。

● **游戏步骤**

1. 分别在3个透明玻璃杯里倒入西瓜汁、酱油和柠檬汁。

2. 让宝宝观察3个杯子里出现的不同颜色。

3. 妈妈用筷子蘸少许西瓜汁让宝宝尝尝，告诉宝宝："这是西瓜汁，是甜的。"

4. 再蘸一点酱油让宝宝尝尝，告诉宝宝："这是酱油，是咸的。"

5. 蘸少许柠檬汁让宝宝尝尝，告诉宝宝："这是柠檬汁，是酸的。"

● **游戏提醒**

1. 尽量不要给宝宝提供刺激性太强的食物。

2. 给宝宝品尝时，蘸取少量液体即可。

3. 杯子和汁水一定要保持干净、卫生。

### 快乐泡澡 ★★

○ 游戏目的

通过与水、球等物品接触,让宝宝体验触觉感受,并启发宝宝对数与量的基本认知,从而提高宝宝的左脑数学能力。

○ 游戏准备

准备浴缸、塑料球。

○ 游戏步骤

1. 让宝宝先进入浴缸,再将温水注入浴缸,然后将一颗颗球放入浴缸中,让宝宝体验玩水的乐趣及触觉刺激,感受浴缸从没有任何东西到有水、有球的变化。

2. 爸爸、妈妈将球放进浴缸的同时,可以报数,让宝宝对数与量有最基本的认知。

**游戏提醒**

让宝宝感受玩水的乐趣。

### 三指捏小球 ★★

○ 游戏目的

训练宝宝手指运动的精确度。这个时期的宝宝对什么事都很好奇,喜欢自己动手,但是小手还缺乏准确性。捏光滑的球,可提高宝宝手指捏东西的精确度、力度及手眼协调运动能力。这个游戏可以让宝宝的小手指更加灵活,动作更加精确。

○ 游戏准备

一盒玻璃跳棋。

◯ 游戏步骤

1. 让宝宝先练习用三个手指捏住玻璃跳棋,把棋子一个一个摆放在棋盘上。

2. 告诉宝宝棋子"会跳",让宝宝在棋盘上练习用两个手指捏住玻璃球移动位置。

◯ 游戏提醒

和宝宝一起玩的时候除了要有耐心外,还要有一颗童心,同时还要不断地丰富自己的知识,学会用宝宝的思考模式来玩和解决问题。

## 帽子你戴我也戴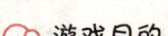

◯ 游戏目的

训练宝宝的颜色识别能力。颜色视觉是宝宝对光谱上不同波长光线的辨别能力,宝宝的三色(红、绿、蓝)视觉很早就有发展。1岁多以后,基本能认识和准确指出红、绿、蓝、黄、黑、白6种颜色。1岁4个月时,基本能说出6种颜色的名称。

◯ 游戏准备

红、黄、蓝、绿、黑、白色的彩纸各2张。

◯ 游戏步骤

1. 妈妈用彩纸折成红、黄、蓝、绿、黑、白6种颜色的帽子。

2. 妈妈戴上红帽子,示意宝宝也戴。依次进行。

3. 妈妈说:"红帽子。"宝宝按照妈妈指令找出红帽子,并戴上。

◯ 游戏提醒

1. 选用的彩纸要软韧,不要选择硬、脆的纸张,以免划伤宝宝。

2. 宝宝对颜色认识不清或因紧张指认错误时,妈妈千万不能着急,更不能责怪宝宝。

### 手指头会唱歌

#### 游戏目的
歌谣配合手指动作，锻炼宝宝手口一致的动作能力，提高其大脑反应水平。歌谣的节奏感非常强，经常配合游戏说歌谣，可以丰富宝宝的音乐感知能力，这种能力将会影响宝宝体验美、创造美的能力。

#### 游戏准备
室内、室外适宜的游戏环境。

#### 游戏步骤
1. 妈妈把宝宝搂在怀里，摊开宝宝小手，一个一个点宝宝的手指头，一边说歌谣："大拇哥，二拇弟，中三娘，四兄弟，小妞妞，来看戏，手心手背，心肝宝贝。"

2. 左右手交替进行。

3. 还可以让宝宝的双手交叉握在一起，帮助宝宝做手指抬起的动作："大拇哥跳一跳，二拇弟跳一跳，中三娘跳一跳，四兄弟跳一跳，妞妞出来了，大气球爆炸了，哗啦啦，哗啦啦。"

4. 说到"大气球爆炸了"时，打开宝宝双手，做"哗啦啦"的动作。

#### 游戏提醒
1. 游戏前，妈妈要把手洗干净，剪好指甲，以免划伤宝宝娇嫩的皮肤。

2. 妈妈平时要经常播放旋律优美、节奏鲜明、轻柔的乐曲，培养宝宝的音乐感知能力。

## 第五节 13—14个月智能开发效果测评

**13—14个月宝宝智能开发效果测评**

1. 从杂色积木和珠子之中挑出红色的积木和红色的珠子：

   A. 挑出两种（10分）

   B. 挑出一种（5分）

   C. 不会（0分）

   以10分为合格

2. 将环套入棍子上：

   A. 套入5个（10分）

   B. 套入4个（8分）

   C. 套入3个（6分）

   以10分为合格

3. 正着看书，从头起，翻开，翻页，合上：

   A. 做对4种（12分）　　　B. 对3种（9分）

   C. 对2种　　　　　　　　D. 对1种（3分）　　　E. 会翻页（记15分）

   以9分为合格

4. 用积木搭高楼：

A．搭两块（8分）　　　B．搭一块（4分）

C．将积木放回盒内（每块1分）

以10分为合格

5. 用棍子够取远处玩具：

A．能够取着（9分）

B．推得更远（6分）

以9分为合格

6. 别人叫自己名字：

A．会走过来（8分）

B．转头看不走动（4分）

以8分为合格

7. 称呼家人：

A．5人（15分）　　B．4人（12分）

C．3人（9分）　　　D．2人（6分）

以12分为合格

8. 哄娃娃勿哭，喂他吃饭（奶），盖好睡觉：

A．3样（10分）

B．2样（7分）

C．1样（3分）

以10分为合格

9. 用手能力：

A．会用食指拇指摄取食物（4分）

B. 大把抓（2分）

以4分为合格

10. 自己走稳：

A. 10步（12分）

B. 5步（10分）

C. 3步（4分）

以10分为合格

11. 扶栏上小滑梯，双足踏1台阶，扶住坐下，扶栏滑下：

A. 三项（10分）

B. 两项（7分）

C. 一项（3分）

以10分为合格

12. 蹬上板凳，爬上椅子，再上桌子，取到玩具：

A. 做到4项（8分）　　B. 做到3项（6分）

C. 做到2项（4分）　　D. 做到1项（2分）

以6分为合格

### 结果分析

1、2题测定认知能力，应得20分；

3、4、5题测手灵巧，应得28分；

6、7题测定语言能力，应得20分；

8题测社交能力，应得10分；9题测定自理能力，应得4分；

10、11、12测运动能力，应得28分，共计可得110分。90—110分为正常范围，120分以上为优秀，70分以下为暂时落后。

# Part 2

## 宝宝15—16个月：哼哼短曲惹人爱

## 第一节 开发宝宝的左脑："搭高楼"、"接火车"

### 训练宝宝的语言能力

**会说自己的小名。**大人问宝宝叫什么名字,宝宝会说出自己的小名。有时他会很强调自己的意愿,就会说"宝宝要"等。他知道名字代表自己,有些宝宝虽然还说不出来,但听到别人叫自己名字会有所表示。如在亲子园教师点名时,被点名的宝宝会小声跟着说自己的名字,有些会举起手来。如果教师要求说"到",宝宝们也会很快学会。

**爱听自己小时候的故事。**妈妈拿起宝宝的相册,同宝宝一起回忆宝宝小时候的故事。例如宝宝正在翻身、宝宝学坐、宝宝学爬、宝宝同爸爸妈妈去动物园等等。宝宝会很快指着某幅照片说"宝宝爬、宝宝走"等。宝宝认识自己的形象,也知道一些动作的词汇,就能把名字加动作组成小句。

不过有些宝宝仍处在沉默期,还未能说话,爸爸妈妈要耐心等待,只要宝宝能听得懂,过几个月才学会说话也很正常。

**教宝宝说句子。**1岁以前,宝宝学的是"树"、"狗"等一些单字,1岁以后,宝宝会说长一点的句子了,如,"好大的树"、"一只小狗"等。家长可以在宝宝已经弄懂这些短句的基础上,再加入一些新词汇来延伸连接出更长的句子,让宝宝练习比较复杂的句子。

听从吩咐。这个时期孩子的特点是喜欢做，不肯闲着，好听表扬。家长要根据这些特点，每天给孩子一些展示自己才能的机会，吩咐他做些小事情。通过完成一些动作，发展宝宝的语言，如"给妈妈打开门"、"给爸爸把帽子拿来"、"给娃娃洗洗脸"、"给小兔子喂点草"等等。每当按吩咐做完一件事后孩子都会感到很高兴，家长此时也要及时给予表扬。

哼哼短曲。宝宝喜欢看电视中的某一段广告，尤其是有小孩参与的广告。每当电视播放广告的音乐时，宝宝马上走到电视机前，嘴里哼哼这段音乐。多看几遍广告，宝宝还会跟着说广告中的几句话，如："我爱我的果汁，我喜欢！"宝宝会跟着说"我喜欢"。宝宝可以跟着媒体学舌，说明这个时期宝宝快要"开口"了。

### 训练宝宝的精细动作能力

按大小套上套塔。宝宝在9个月时会不按大小把塔套上。现在宝宝知道了大小，可以把玩具找出来重新再玩。这回要求宝宝把套圈全拿下，如果套塔的中柱是下大上小的，一定要先套大的，再逐个套小的。如果中柱是上下一般大，有两个办法去套，可以从大到小，也可以从小到大去拿，要求套进去后,塔的侧面摸起来是平整的,不能高低不平。如果不按大小顺序乱套就会不平整,要重新再来,直到平整为止。爸爸妈妈可以在旁边做事,让宝宝自己练习。

**用大钥匙开锁。**可以买玩具锁,也可以用家中的大锁作玩具用。宝宝早就对钥匙感兴趣了,每次妈妈进门都要用钥匙在锁里转转。宝宝也很想有把钥匙,自己能打开锁。妈妈先示范,把钥匙塞进锁眼里,塞到尽头,然后轻轻一转,锁就打开了。然后,妈妈把钥匙交给宝宝让他自己把钥匙塞进锁眼里,告诉他要塞到尽头才可以转动。有时宝宝把钥匙插歪了,要拔出来,重新再插,插直才能到底,然后转动。宝宝打开了锁,就特别兴奋,自己要求多次练习。妈妈可以干别的事,让宝宝独立操作。宝宝可以安静地玩上十几分钟,这些都是锻炼手眼协调,同时又训练注意力的游戏。

**用棍子取物。**有时宝宝的玩具滚到床底下或桌子底下,宝宝经常会爬进去把玩具取出,妈妈可以教宝宝用棍子把玩具拨出来。妈妈可以把棍子给宝宝,让他试试。宝宝把棍子对准玩具,也许反而会把玩具推得更远。

妈妈要给以示范,把棍子伸到玩具后面,向自己的方向使劲拨,才能把玩具拨出来。经过练习,宝宝学会了用棍子取物的方法,以后玩具掉到桌子下或床下,就不必爬进去拿,只用棍子拨就可以了。宝宝学会了用工具代替自己的身体,在智能上起了质的变化。

**摆积木。**能自己用3—4块积木"搭高楼",或排5—6块"接火车"。大人不在时能自己玩1—2分钟。

## 第二节 开发宝宝的右脑：一步一个台阶

**训练宝宝的大动作能力**

爬台阶（楼梯）。如宝宝行走比较自如，可有意识地让宝宝练习自己上台阶或楼梯，从较矮的台阶开始，让宝宝不扶人只扶物自己上，逐渐再训练自己下楼梯。

学跑。宝宝走路较稳后，就开始小跑。有爸爸妈妈在身旁时宝宝敢小跑，自己走路时，宝宝就不敢跑，除非前面有扶的东西宝宝才敢跑。

因为宝宝不会自己停止跑步，跑步时宝宝的身体和头都向前，身体的重心在前方，突然停止跑步会向前摔倒。如果爸爸妈妈在旁边，宝宝可以随时扶着爸爸妈妈而停止。如果前面有目标物，如一张桌子或一根柱子等，宝宝到了目的地就可以扶住目标物而停下。所以在宝宝学跑时，父母要教宝宝不可以跑得太快，快要停止之前慢跑，并把身体站直，抬起头来，使身体保持直立平衡，这样就不会向前摔跤了。

跑步说来简单，做起来就不容易了。因为跑步对宝宝来说是新的功课，可以先让宝宝在前后两处都有目标物的地方练习，使他熟练地跑步。然后对着一面有目标的地方练习跑步，爸爸妈妈在旁边喊口令指挥，让宝宝放慢速度，挺起上身，最后停止。经过多次练习，有过自己停止的经验，宝宝就敢自己跑步了。

**走上斜坡。**宝宝走得稳健后，可以学走斜坡。坡度不宜大于30度，如果家里有木板，可以自己搭一个斜坡让宝宝练习。开头妈妈可以领着他上斜坡，让他学会把身体轻度倾向前，使身体在斜坡上仍与地面垂直稳住重心。如果宝宝仍然挺直身体，在斜坡上重心向后，就会仰面倒下。宝宝在家中学会走斜坡后，父母可以带他练习爬小山坡。可以到公园或郊区去玩，尽量找斜度不大的小山坡让宝宝练习。郊外的练习会更加有趣，当宝宝自己走上一个小山坡时就有了成功的喜悦，下次更愿意上高一点的山坡。

**学跳。**宝宝很喜欢学跳，会经常找到有台阶的地方从高处跳下。爸爸妈妈拉着宝宝的手，喊口令："一、二、三，跳！"让宝宝从最低一级台阶往下跳。喊口令是让宝宝与爸爸妈妈都同时用力。在散步时，爸爸、妈妈也可以各牵宝宝一只手，喊口令："一、二、三，跳！"爸爸妈妈和宝宝一起向前跳，让宝宝学会在平地上向前跳。两个人牵着宝宝的手跳更应听从口令，否则一人用力，另一人不动，用力一方牵拉力量过大会使宝宝的手腕脱臼。

这两种跳法都需要父母牵着宝宝练习，因为宝宝还不会自己使劲让身体离开地面然后自己站稳。必须经过一个阶段的练习，宝宝才能学会着地时保持身体平衡。

**掷球训练。**爸爸、妈妈各站一方，宝宝向爸爸抛球之后，向后转才能向妈妈抛球。起初球不能抛到目的地，因为宝宝手眼不协调。经过练习才能抛得略为准确。最后爸爸改变方向，再让宝宝向右转，向爸爸站的方向抛球。经过练习宝宝基本上学会了朝一定的方向抛球，并知道在向谁抛球。

## 训练宝宝的适应能力

**看图书。** 可以把书交给宝宝，由他自己去翻书看书。当然，家长应帮助他，用简洁明确的语言讲一些与图书相关的事情，还可以边讲边发问。宝宝会有凝神贯注的初步表现，并乐意回答简单的问题。我们把此时期叫做"阅读准备期"。

**模仿游戏。** 继续和宝宝玩各种模仿游戏。如擦桌子时给他一块小布模仿。能和大人边干边玩，家长边干边讲。并提供条件让宝宝做生活模仿游戏，如给布娃娃喂饭，替娃娃盖被子等，从而培养宝宝的社会适应能力。

**洗手。** 准备布娃娃及手帕一条。大人出示布娃娃说："乖宝宝，布娃娃要吃饭了，我们先给他洗洗手。这时可启发小朋友伸出手做洗手状，与布娃娃比一比谁的手洗得最干净。同时要小朋友模仿说"手"的词音。

**知道找动物的特点。** 宝宝最先知道的是动物的特点，如兔子有长耳朵、大象有长鼻子、长颈鹿有长脖子等，宝宝是经常通过特点来认识动物的。爸爸妈妈给宝宝看图片时，除了让宝宝说出动物的名字外，还应当说出它的特点。在找特点时一定要仔细看它的每一部分，它的五官、躯干和肢体。宝宝还不知道许多动物的特点，如许多动物有的有尾巴、有的有胡子、有的有翅膀、有的有鳞和鳍等。有时还要同近似的动物比一比宝宝才能认识动物的特点。例如鸭和鹅很像，只是鹅大一点儿，而且鹅的头上有高起来的部分。应该经常让宝宝看不同的动物图片，以增强宝宝的观察力。

**认白色。** 宝宝能分清红色和黑色后，就可以学认白色了。家中白色的东西很多，如白色的纸、白色的衬衫、白色的袜子等。可以让宝宝在玩具中找出白色的东西来，也可以让宝宝把三种认识的颜色摆在一起，进行分辨。

### 训练宝宝的社交行为能力

**上街买菜**。许多妈妈都会让宝宝坐在推车内带着宝宝去菜场。菜场是宝宝学习的好地方，妈妈千万不要把宝宝留在小车上，让宝宝同买来的菜一起被推回家。宝宝在车上什么也看不清，干脆就睡着了，白白浪费了大好的学习机会。如果妈妈把车收起来，领着宝宝，边看边说："这是大白菜，这是菠菜，这是西红柿。"会让宝宝大开眼界。每次不必认太多种类的蔬菜，但宝宝可以看人们如何交谈，怎样讨价还价、付钱取物等。如果宝宝累了就坐在车上，如果可以走一段路，就同妈妈走一会儿。一面走，一面看街上的景物，使宝宝熟悉道路的情况，为以后认路回家作准备。

**与父母一起游戏**。妈妈和宝宝都坐在镜子的前面，二人一同按照口令指身体部位。如妈妈说"脖子"，妈妈和宝宝都指着自己的脖子，妈妈再说"肩膀"，宝宝本来不知道哪里是肩膀，从镜子里看到妈妈的手指向肩部位，自己也赶快跟着指。有时宝宝指得不对，宝宝的手指着胳膊，妈妈赶快帮着宝宝改正。不过每次只能让宝宝学指1—2个新的部位，不宜太多，以免宝宝感到太难。但是如果宝宝指着某个部位问是什么，妈妈应马上告诉他，因为他能记住自己想学的部位。亲子游戏的办法让宝宝既高兴，又能学到知识。爸爸回来后可以让宝宝在爸爸身上或者在玩具熊身上指部位，父母都可以参加游戏。同父母一起游戏可以培养宝宝合群、开朗的个性，有利于他同其他人交往。

**学会体谅别人**。爸爸妈妈带宝宝上街时，宝宝总是缠着爸爸妈妈要抱，不肯自己走路。这时要用游戏的办法让宝宝自己走，例如，同宝宝讲条件，答应宝宝自己走到前面一棵树时让爸爸抱一会儿。爸爸可以先走到那棵树旁边，让宝宝明确目标。妈妈指着爸爸说："快走过去，爸爸等着呢!"宝宝果然往爸爸的方向走去。有时宝宝会缠着妈妈，要求妈妈抱着过去。妈妈一定要遵守诺言，告诉宝宝："这回是爸爸抱，妈妈累着

呢!"待宝宝走到大树前时,爸爸马上抱起宝宝并亲亲他说:"宝宝走得真棒!"抱一会儿后,往前走找到一个新目标,让宝宝走过去,再让妈妈抱。另一个方法是在出发之前,让宝宝看一幅袋鼠的图,同宝宝一起背儿歌:

小袋鼠,不怕羞。
每天妈妈抱着走!
小宝宝,真正乖,
自己走路好勇敢。

宝宝懂得勇敢是件好事,自己会走还要爸爸妈妈抱,真是害羞,只有不会走的小宝宝才可以让爸爸妈妈抱。如果同爷爷、奶奶一起外出,更不能让老人家抱,要体谅老人家的辛苦。鼓励宝宝替奶奶拿提包,为老人家服务。有了体谅别人的想法,宝宝就不会缠着大人要抱了。

**适时夸奖宝宝。** 当宝宝对小朋友、家人或宠物表现出爱和关切时,妈妈要及时鼓励并夸奖宝宝,激发宝宝学会善于表达爱意的能力。

## 第三节 为宝宝左右脑开发提供营养：益智健脑少吃糖

### 油炸、膨化食品不宜吃

**不宜吃油炸食品。** 宝宝们喜欢吃油炸土豆片和薯条。宝宝跟着大人吃早点又会看见大人爱吃的油条、油饼和炸糕。这些油炸食品不宜让宝宝经常吃，因为在油炸过程中大量维生素被破坏；而且反复用过的油含有10余种有毒的不挥发物，其中有致癌的因素；制作油条时还加入明矾，明矾含铝，是两性元素，与酸碱都能起反应，所产生的化合物容易被人体吸收，并沉积在骨骼中，引起骨质疏松。如果沉积在大脑中会产生器质性病变，使记忆力减退，智力下降。如沉积在皮肤中，皮肤弹性下降，皱纹增多。铝还能使人食欲不振，影响肠道对磷的吸收，影响骨质形成，因此不要让宝宝吃油炸食物，大人也尽量少吃。

**不让宝宝吃膨化的小食品。** 近来膨化小食品很多，有些包装很漂亮，但因膨化罐上的铅锡合金在高温时气化，污染了食品，据测定其含铅量高达20毫克/公斤，超过国家规定的40倍（食品卫生标准不超过0.5毫克/公斤）。铅在肠道的吸收率成人为10%，儿童可高达53%。儿童血铅在50—60微克/100毫升时就出现中毒症状，如厌食、呕吐、腹痛、腹泻、精神呆滞、贫血、中毒性肝炎等，所以不要让宝宝吃膨化食品。

## 怎样保存菜肴里的维生素C

蔬菜从买来、储存、加工到烹调的系列过程中都在不知不觉地丢失维生素，其中最容易丢失的就是维生素C，那么，怎样才能减少菜肴里的维生素C的丢失呢？

### 买菜要适量

妈妈在买菜时要选那些新鲜的蔬菜，但注意别买多了，以足够一天吃的量为宜。如果妈妈为了省事就一下子买了很多菜回去并储存在冰箱里，那么一部分维生素C就会丢失了，并且还会增加亚硝酸盐的含量。

### 尽量保留外层菜叶

外层菜叶的维生素C含量要比内层菜叶的高，蔬菜的叶部的维生素C含量要比茎部的高，因此，妈妈在择菜和洗菜的时候要尽可能地保留外层菜叶。

### 先洗后切

蔬菜应先洗后切而不能切好后再浸泡在水里，因为蔬菜久泡在水中就会造成可溶性维生素和无机盐的溶解，从而丢失掉一部分营养。另外，蔬菜切好后应尽快入锅，因为空气中的氧也会使蔬菜中的维生素C被氧化。

### 炒菜时应旺火快炒

炒菜时应旺火快炒，而不能久炒久熬，特别是卷心菜、大白菜、芦笋等有叶蔬菜，因为蔬菜在高温的锅中的时间过长的话就会损失掉很多营养。

### 适量加醋或勾芡

妈妈在做菜时可以适当加点醋，因为维生素C在酸性的环境下比较稳定。或者也可以对菜品进行勾芡处理，因为勾芡也可以较好地保存蔬菜中的维生素C。

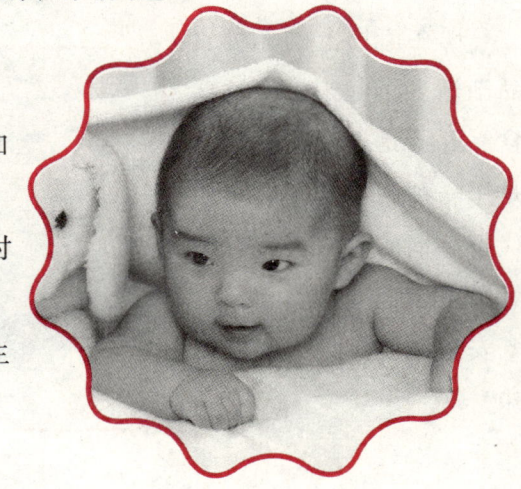

### 宝宝不宜吃高糖食品

高糖食品，不仅包括加入太多蔗糖的甜食和糖果，也包括以淀粉为主要成分的食品，如膨化食品和饼干、面包等，都应少给宝宝吃。

白糖作为碳水化合物之一，是大脑所需的营养物质，正常摄入可给大脑提供能量。但是如果食用过多就会使人体呈酸性体质，脑细胞在酸性环境中易发生水肿，接收和输出信息的功能下降，从而影响到人的智力水平。食入过多白糖还会造成维生素B的流失，增加钙的消耗量，减少大脑所需的营养，从而引起人的智力下降。所以糖必须按正常需要摄入，不可太多。

吃糖太多，除了会引起龋齿外，还常常导致营养失调，使体形肥胖。更为严重的是，食糖过多还会引起宝宝情绪的不稳定、爱哭闹、容易因小事而激动、莫名其妙地烦躁不安、睡眠差、注意力不集中等，这是由于体内高糖引起了维生素B的缺乏所导致的。

吃糖太多，体内的丙酮酸和乳酸等代谢物就会明显增多，就需要消耗大量的维生素B来加速排除这些代谢物。维生素B是从食物中获得的，而食入大量的糖就会影响到其他食物的摄入，因而就减少了维生素B的摄入量。维生素B是神经营养调节剂，体内缺乏时就会导致心脏功能异常亢进，并可引起厌食、呕吐、中枢神经系统损伤和胃肠道张力不足、消化不良等症，所以宝宝不宜吃高糖食品。

现在市场上的无糖食品渐渐多了起来，但这些食品并不是没有甜味，而是用一种叫木糖醇的东西代替了糖的甜味，父母们可给宝宝选择这类食品，既安全又能满足宝宝的口味。

## 第四节 适合宝宝左右脑开发的游戏：红灯停，绿灯行

### 给图形配配对

**游戏目的**

训练宝宝的图形知觉能力。宝宝对物体形状的感知需要多种分析器官的协同活动，当视觉、动觉和触觉相结合时，对物体形状的感知效果较好。宝宝能够辨认出相同的图形，表明他已经具有归类和概念化的思维形式，为其将来表象思维向更高水平发展提供了可能。

**游戏准备**

白色卡纸、纸板。

**游戏步骤**

1. 妈妈在一张白色卡纸上分别画出一个直径为4厘米的圆形和一个边长为4厘米的三角形。

2. 把圆形和三角形涂上红色，告诉宝宝图形名称。

3. 妈妈另用一块纸板剪下一个直径为4厘米的圆形和一个边长为4厘米的三角形。

4. 让宝宝拿着纸板做的圆形和三角形在卡纸上找出对应的图形。

🎮 游戏提醒

1. 在宝宝找对应的图形之前，应让他充分触摸圆形纸板和三角形纸板。

2. 卡纸上的图形一定要涂上鲜亮颜色。

## 宝宝踩气球 ★★

🎮 游戏目的

培养宝宝控制身体动作的能力，发展宝宝动作的协调性，从而提高他的右脑肢体协调能力及身体的平衡能力。

🎮 游戏准备

一些小气球。

🎮 游戏步骤

1. 家长将球系在自己的胳膊上或腿上。

2. 家长在前方走动，让宝宝追自己身上的气球。停下来时，让宝宝拍拍自己胳膊上的气球或用脚踩系在自己腿上的气球。

🎮 游戏提醒

一定要让宝宝踩到，否则宝宝会很气馁的。

### 猜猜画的是什么

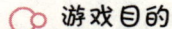

**游戏目的**

训练宝宝的视觉判断能力。这个时期的宝宝对熟悉的名称、人或物品，能够指认出来，记忆力等心理活动发育更加活跃。这个游戏可以帮助宝宝锻炼和提高视觉判断能力。视觉能力是空间智慧的重要方面，1—3岁也是宝宝视觉发展的关键时期，通过游戏不仅可以锻炼宝宝的视觉能力，宝宝的想象力也被大大激发了。

**游戏准备**

一张较大的图画和白纸。

**游戏步骤**

1. 用白纸盖住图画，然后把白纸渐渐往下移，露出部分画面，让宝宝猜是什么。

2. 每多看到一点画面，宝宝便会更期待到底是什么图案，妈妈可以同时制造一些音效，鼓励宝宝继续往下看。

3. 露出大部分画面，让宝宝说出画面内容。

**游戏提醒**

1. 选择的图画最好内容比较单一，比如一只蝴蝶、一辆汽车等。

2. 尽量选择宝宝熟悉的图案。

3. 还可以用旧挂历剪出宝宝喜欢的小动物形象，再剪成几个部分，然后让宝宝重新拼。

### 吹泡泡

#### 游戏目的
锻炼宝宝的跑动能力。跑动对宝宝有很多好处，可以促进骨骼生长，令肌肉结实，增强腿部力量，使心脏跳动有力，跑动还能加强呼吸系统和消化系统功能。分享是宝宝交往智能发展中的一个重要组成部分，宝宝拥有积极分享意识和行为是与他人交往的必备条件。

#### 游戏准备
泡泡液、吹泡泡的工具。

#### 游戏步骤
1. 带宝宝到户外去，爸爸吹泡泡并给宝宝演示如何追泡泡并戳破泡泡，然后鼓励宝宝和爸爸一起做。

2. 如果宝宝很兴奋，在爸爸吹泡泡时就想去戳破它，则要告诉宝宝要耐心等待。如果宝宝对吹泡泡感兴趣，可以教宝宝吹泡泡的方法，鼓励他自己吹。

4. 让周围的小朋友一起来追泡泡。

#### 游戏提醒
1. 宝宝追泡泡的时候，爸爸一定要注意周边可能出现的危险，不要让宝宝跑到马路上去。

2. 宝宝吹泡泡时，提醒宝宝不要用嘴接触或喝下泡泡液。

### 红灯停，绿灯行

#### 游戏目的
行走和跑动。这个游戏能给宝宝较多走动和跑动的机会，可以促进宝宝大脑的协调，是发展运动智能的好方式。家庭是一个重要的社会化场所，在与爸爸、妈妈及熟人的交往过程中，宝宝的心理能力和社会性会逐步得到发展。培养宝宝良好社会情感，可以帮助他适应未来社会的竞争与压力。

### 游戏准备

家中或室外较大的游戏空间。

### 游戏步骤

1. 爸爸站在宝宝前面，宝宝拉着爸爸的衣服。
2. 爸爸做"车头"，宝宝做"司机"，然后由"车头"领着走（也可以小跑），一边走一边带着宝宝学汽车"嘀嘀"地叫。
3. 妈妈用纸板做两个牌子，上面分别写着"红灯"、"绿灯"。
4. 妈妈举起"红灯"，"汽车"停；妈妈举起"绿灯"，"汽车"开始走。

### 游戏提醒

1. 游戏时，爸爸应注意走或跑动的速度不要过快，以免宝宝跟不上而跌倒。
2. 游戏中可多设置一些情节，锻炼宝宝的想象力和语言能力。

## 小脚丫追着玩具走

### 游戏目的

训练宝宝的视觉追踪能力。游戏可以让宝宝把行走当成一件乐事，考验宝宝视觉追踪能力，增进行走和协调运动能力。如果宝宝在早期就开始锻炼与视觉和肌肉运动技能有关的大脑神经，成年后可塑性会很强，能够积极适应社会。

### 游戏准备

1. 宝宝喜欢的小动物毛绒玩具（带声响的更好）、一条棉线绳。把棉线绳的一端系在玩具上，另一端握在妈妈手中。

2. 妈妈拉动棉线绳，使玩具移动，让宝宝跟着走。

3. 妈妈不断拉动绳子，引导宝宝四处走动。也可让宝宝拉着绳子，听妈妈的指令走。

### 游戏提醒

1. 一定要确保宝宝行走的安全。游戏开始前就要将地面四周收拾整齐，把易碎、易毁的东西搬开。

2. 选购或自制拖拉玩具时，玩具身体应是开放的，还可以放小玩具进去，如小火车、小汽车上还能放进小动物玩具，让宝宝搬来搬去。

3. 游戏中加入一定情节，宝宝会更有兴趣。

## 见人打招呼

### 游戏目的

培养宝宝表达情感的兴趣，从而提高宝宝与人沟通的能力。

### 游戏准备

一面镜子。

### 游戏步骤

1. 家长做出打招呼、行礼鞠躬、谢谢、对不起、再见等动作，并配合相应语言。

2. 让宝宝看着镜子里自己的影像，向他打招呼等。

3. 在日常生活中，当宝宝为大人做事时，大人要对宝宝说"谢谢"。

> **游戏提醒**
>
> 在日常生活中，要培养宝宝使用礼貌用语。

### 穿过羊肠小道

**游戏目的**

锻炼宝宝的行走技能。随着宝宝神经系统进一步发展，宝宝运动的准确性、灵活性、平衡性不断提高，让宝宝在两条平行线中间自如行走，可以提高他的行走技能。形成稳定的自我激励机制对一个人的终生成长具有非常重要的意义。

**游戏准备**

室内、室外较大的活动空间。

**游戏步骤**

1. 用彩色粉笔在地面画上两条相距30厘米的平行线。
2. 妈妈先穿过平行线，在小道另一端用宝宝喜爱的玩具逗引宝宝。
3. 鼓励宝宝穿过小道拿到玩具。

> **游戏提醒**
>
> 1. 妈妈尽量使宝宝理解"游戏规则"，根据规则来玩。
> 2. 宝宝踩线时，妈妈千万不要责怪。
> 3. 把平行线画得长一些，让爸爸和宝宝对着走，到小路的中间会合，增加游戏乐趣。

## 踩影子

**🌀 游戏目的**

锻炼宝宝动作的协调性。这个时候宝宝刚学会走路，这个游戏可以锻炼宝宝动作的协调性和灵活应变能力，让他们保持浓厚的兴趣和愉快的情绪。良好的运动智能发展会带来宝宝整体智能的提升，使之日后具有更加灵活的应变能力。

**🌀 游戏准备**

晴朗的天气，户外较大的游戏空间。

**🌀 游戏步骤**

1. 爸爸、妈妈带着宝宝到户外，妈妈指着地上的影子告诉宝宝："这是爸爸的影子，这是妈妈的影子，这是宝宝的影子。"

2. 爸爸来踩妈妈的影子，鼓励宝宝跟着踩。

3. 爸爸、妈妈和宝宝相互踩影子。指导宝宝观察不同时间影子有什么不同。

4. 这样的游戏可以在每天出门或回家的路上进行，不用耽误太多时间，也不用准备什么材料。还可通过游戏帮助宝宝认识白天和晚上的影子有什么不同之处。

**🌀 游戏提醒**

1. 游戏时不要跑得太快，不要撞到宝宝。

2. 一定要选择开阔、平整的户外场所。

## 第五节 15—16个月智能开发效果测评

### 15—16个月宝宝的智能测评

**1. 配上认识的水果或动物图片：**

A. 6对（12分）　　B. 5对（10分）

C. 4对（8分）　　D. 3对（6分）

以8分为合格

**2. 指出身体部位：**

A. 9处（18分）　　B. 7处（14分）

C. 5处（10分）　　D. 3处（6分）

以10分为合格

**3. 背数到：**

A. 10（14分）　　B. 5（10分）

C. 3（7分）　　D. 2（5分）

会拿：

A. 2个（5分）

B. 1个（3分）

C. 不会（0分）

二项相加以10分为合格

4. 按吩咐从形板或积木找出圆形，方形，三角形：

A. 3个（15分）

B. 2个（10分）

C. 1个（5分）

以10分为合格

5. 拿书顺着看，从头起翻书，每次翻1页：

A. 做对4项（10分）　　B. 做对3项（8分）

C. 做对2项（4分）　　D. 做对1项（2分）

以8分为合格

6. 搭积木、搭高楼或排火车：

A. 共搭4块（12分）　　B. 搭3块（10分）

C. 2块（8分）　　D. 1块（4分）

以10分为合格

7. 准确将三个形块放入三形板的相应穴内：

A. 3块（12分）

B. 2块（8分）

C. 1块（4分）

以8分为合格

8. 说出自己的小名：

A. 会（5分）　　B. 4种（8分）

C. 3种（6分）　　D. 2种（4分）

9. 用单音说物名：

A. 5种（10分）　　B. 4种（8分）

C. 3种（6分）　　D. 2种（4分）

8、9二项相加以10分为合格

10. 背儿歌：

A. 背头4句（11分）　　B. 背头3句（9分）

C. 背头两句（5分）　　D. 背头一句（3分）

以9分为合格

11. 从胡同口：

A. 找到自己的家门口（10分）

B. 找到自己的门号或楼门口（8分）

C. 走到门口不敢认门（4分）

以10分为合格

12. 会用小勺自己吃：

A. 全顿饭（12分）　　B. 半顿饭（10分）

C. 完全由大人喂（2分）　D. 跑来跑去追着喂（0分）

以10分为合格

13. 上楼梯：

A. 自己扶栏上，两脚交替上台阶（12分）

B. 大人牵一手上，双足踏一阶（10分）

C. 抱着上楼梯（0分）

以10分为合格

## 结果分析

1、2、3、4题测认知能力，应得38分；

5、6、7题测手的精巧，应得26分；

8、9题测语言能力，应得10分；

10题测社交能力，应得9分；

11题测自理能力，应得10分；

12、13题测运动能力，应得20分。共计可得110分，90—110分为正常范围，120分以上为优秀，70分以下为暂时落后。哪道题在及格以下，可先复习上月相应试题，通过后再练习本月的题。哪道题在优秀以上，可跨月练习下月同组的试题，使优点更加突出。

♥ Part 3

## 宝宝17—18个月：学打电话"喂，喂"

## 第一节 开发宝宝的左脑：小小珠子穿起来

### 训练宝宝的语言能力

**讲用品的用途。** 妈妈准备一些日常用品，如牙刷、杯子、碗、勺子、梳子、剪刀等，随便拿起一种问宝宝："有什么用？"宝宝会用一个单字来回答。如问到杯子时，宝宝会说"喝"；问到碗和勺子时，宝宝会说"吃"或"吃饭"；问到梳子时，如果宝宝不会说，他会用手做出梳头的样子，妈妈教他说"梳头"，他很快就学会了；问到牙刷时，宝宝会说"牙"不会说"刷"，可以告诉他，让他试着说；妈妈拿起剪刀，宝宝马上用食指、中指做剪的动作，妈妈教他说"剪，剪开"，看宝宝是否会说。要反复练习直到宝宝完全会说为止，如果学过后不复习，过几天宝宝就全忘记了。

**学打电话。** 宝宝经常学着爸爸妈妈的样子把电话放在耳边学他们打电话："喂，喂。"这时妈妈也拿起手机同宝宝对话："你是宝宝吗？"宝宝回答："是啊。"妈妈说："我要到菜场去，你想吃什么呀？我给你带回来。"或者说："星期六我们到姥姥家去。"等等。宝宝能说的话不多，不过他是有说话的积极性才拿起电话来的。最好爸爸妈妈在接电话后同宝宝玩打电话的游戏，可以教会他最简单的对话，如"喂，你好"、"喂，你找谁呀"、"爸爸上班啦"、"妈妈在家"等。快要开口说话的宝宝很喜欢模仿爸爸妈妈打电话。应鼓励他用游戏学会简单对话。

**介绍家庭相册中的人物。**宝宝很喜欢在相册中辨认家庭成员。爸爸、妈妈可以向他介绍家庭中每个人的情况，如从最熟悉的父母开始介绍：爸爸是医生，给人看病；妈妈是教师，教孩子们读书；爷爷是会计，会算账；奶奶是厨师，会做饭；姥爷是工人，会开机器；姥姥也是工人，会织布；叔叔在上海读书；大姨在西安做护士；二姨在重庆当售货员等等。

宝宝在听天气预报时能记住一些地名，他懂得他不能与在其他地方工作的亲人经常见面。宝宝懂得他见过的职业，如医生、教师、护士、售货员等。如果在电视上见到机器、工人、织布等，他都会经常联想到亲人的职业。经常翻看家庭相册，会加深宝宝对好久不见的亲人的印象，亲人回来时他能很快就认得他们。

**说话时配合肢体语言。**家长和宝宝说话时，可以配合肢体语言，来帮助宝宝准确而形象地理解家长所要表达的意思。如，用手或者身体的其他部位，配合说话做一些相应的动作。这样，不但会增加说话的趣味性，而且还可以让宝宝更容易记住谈话的内容。

**经常带宝宝外出。**家长可以经常带着宝宝到公园去游玩，或者带宝宝外出散步。外出时，家长应结合相关的事物，教宝宝说一些相关的词和句子。虽然宝宝对于家长所说的一些事物，未必一下子就能马上记住，但让宝宝多接触更宽广的视野，对他今后语言能力的发展与提高会奠定良好的基础。

## 训练宝宝的精细动作能力

**穿珠子训练。**宝宝已经会穿套塔和套圈，现在可以学用鞋带或软绳来穿珠子了。不过穿珠子要分成两步：第一步，妈妈拿着珠子让宝宝把鞋带的硬头放进珠洞，由妈妈从洞的另一头把绳子牵出，这才真正穿上了一颗。让宝宝练习几回，等他已经能熟练地把鞋带穿入珠孔以后，第二步，让他自己拿稳珠子，由妈妈把鞋带穿入珠孔，宝宝从珠孔的另一头把鞋带拉出。这两个步骤分开来可以降低难度，让宝宝分步掌握。

否则许多宝宝都只会把鞋带穿入珠孔，不会从孔的另一头拉出带子，带子总是掉下来。

如果没有珠子，可以用一些粗的橡皮管或塑料管剪成约1—1.5厘米的小段，管口粗大，容易穿上。

学穿珠子，能训练宝宝做精细动作的手眼协调能力，宝宝安静地自己穿珠子，也是一种专注力的练习。

积木搭桥。准备三块正方形积木，两块放在下面，一块放在这两块的上面，就能搭成一座桥。如果上面用一条长的积木，就可以搭成一座长桥，或者搭成一条长板凳。宝宝会搭桥，说明手的技巧有了进步，宝宝会留出合适的空间，把上面的积木放稳而不至于掉下。此时，宝宝摆积木的能力比只会叠高楼和排火车时又进了一步。

妈妈再示范摆一个滑梯。把长条积木的一头撑起，拿一块方积木放在长条积木一头的下面。把一块积木放在长条积木高的一端，方积木会从高处滑下，如同小孩坐滑梯那样。宝宝看见了很高兴，会多次把方积木放在滑梯高处让其滑下。

玩沙训练。训练宝宝用玩具小铲将沙土装进小桶内，或者用小碗将沙土盛满倒扣过来做馒头。宝宝玩的沙土要先过筛将石头和杂物去掉，用水冲洗过。

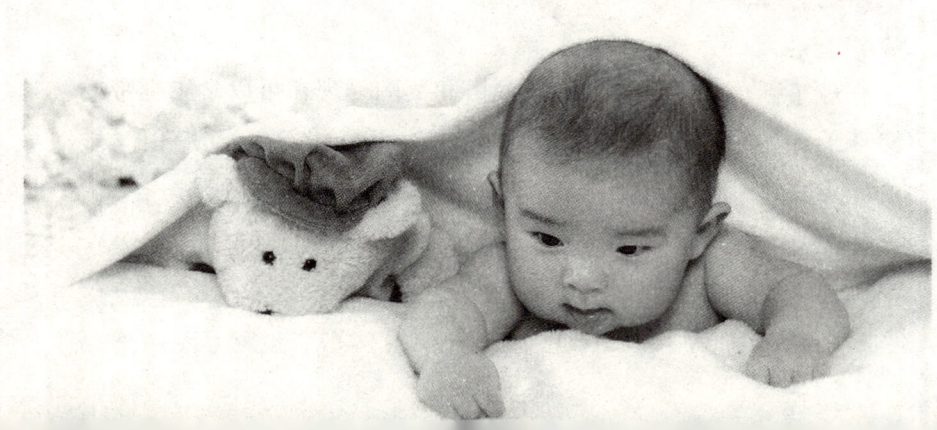

## 第二节 开发宝宝的右脑：开开心心"过家家"

### 训练宝宝的大动作能力

**负重行走。** 宝宝可以背一个重1—1.5千克的背包，或者手提1—1.5千克的东西走100—200米。行走时需要给宝宝一些鼓励，如妈妈同宝宝一起行走，边走边说些鼓励的话或者背诵儿歌来为宝宝加油，使宝宝情绪高涨不觉得累。每天练习一次，可以使宝宝行走有力、肺活量增加。

**训练宝宝走"S"形线。** 用粉笔在地上画一个约10米长的"S"形线，让宝宝踩着线往前走，走到头，并且，始终能踩着线走，要给予赞扬。如果完成得好，可根据宝宝情绪来回走几趟，能促进左右脑的健康发展。

**穿越障碍。** 1.越过家具。爸爸拿着一个玩具站在桌子后面，让宝宝过来拿。宝宝可以推开桌子、从桌子下面钻过来，或者绕过桌子走过来拿。2.越过水沟。爸爸自己先跨过水沟（约15—20厘米），第一次爸爸伸手拉着宝宝迈过来；第二次爸爸不必伸手，看宝宝是否能自己迈大步跨过来。3.过马路。爸爸牵着宝宝从人行道下一级台阶踏上马路，到了马路对面再上台阶时，宝宝可以自己走上人行道，不必扶持。每次给宝宝设计一点小的障碍，使宝宝学会自己想办法，勇敢地克服困难。

### 训练宝宝的适应能力

**训练宝宝模仿操作。**每日有一定的时间与宝宝一起动手玩玩具，如搭积木、插板等，给宝宝做些示范，让宝宝模仿。还可以给不同大小、形状的瓶子配瓶盖，将每套玩具放回相应的盒子内。

**翻书找画。**购买一套适合婴幼儿的读物。每次翻开婴幼儿读物中的一页，把书中的主要事和物讲给宝宝听，然后把书合起来，再让宝宝找到那一页。开始要帮助他回忆要找的东西，并教他从前往后逐页查书的习惯，再训练他独立查找。

**训练宝宝画画。**继续让宝宝学画，教宝宝正确的握笔姿势，并让宝宝模仿画出清楚的笔道。

**配对训练。**将两个相同的玩具放在一起，再将完全相同的小图卡放在一起，让宝宝学习配对。在熟练的基础上，将两个相同的汉字卡混入图卡中，让宝宝学习认字和配对；也可写阿拉伯数字1和0，然后混放在图卡中，让宝宝通过配对认识数字；配对的卡片中可画上圆形、方形和三角形，让宝宝做图形配对，复习已学过的图形；用相同颜色配对以复习颜色。

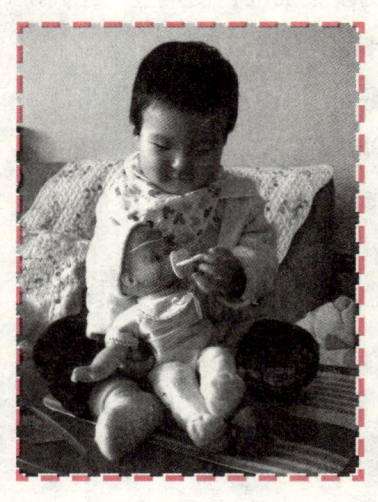

**训练宝宝认识自然。**继续注意培养宝宝的观察力和记忆力，并启发宝宝提出问题及回答问题。如观察早上天很亮，有太阳出来。晚上天很黑，有星星和月亮。有时没有太阳，是阴天，或者下雨和下雪，有时刮大风。在下大雨时会出现闪电和雷声。通过家长讲述，使宝宝认识大自然的各种现象。

## 训练宝宝的社交行为能力

**过"家家"**。让宝宝暂时脱离自我，去扮演他人，比如扮成爸爸、妈妈甚至于军人、医生等，这种游戏的好处是培养宝宝站在客观角度去体验一下不同的角色感觉。在众多名人传记中，许多名人在幼年时都有过这种难忘的经历，这对培养他们的领袖气质和推己及人的思想，起到奠定基础的作用，家长不能省掉这一课。

**主动替人拿东西**。爸爸回到家时，宝宝会很主动地给爸爸拿拖鞋来。奶奶在厨房择菜时，宝宝会很快把板凳拿来让奶奶坐下。外面下雨，妈妈要出去，宝宝会去拿伞或者雨衣。从菜场回家时，妈妈拿了很多东西，宝宝会主动帮妈妈提东西。宝宝很喜欢替大人拿各种用品，如帮妈妈拿剪刀、替爸爸拿改锥或钉子、给姥姥拿提包、帮姥姥找东西等。宝宝现在是家里的小助手了，会同大人合作，会体谅别人的需要。

**准备交往的开端**。在亲子园点名时，当点到宝宝的学名时，宝宝会答应"到"。因为他平时也曾听到过爸爸妈妈叫自己的学名，宝宝对有关自己的事总是很在意的。

宝宝也会记住一两个小朋友的小名，当教师点到他认识的宝宝的名字时，他会回头看认识的宝宝，同他点头或者对他笑笑。如果问宝宝："谁是贝贝？"宝宝会回过头指着贝贝。

宝宝对于名字很重视，很愿意记住所喜欢的小朋友的小名，这是宝宝准备交往的开端。

## 第三节 为宝宝左右脑开发提供营养：合理搭配更聪明

### 宝宝不宜多吃动物脂肪

脂肪是人体的重要组成部分，是提供机体热能的主要来源。它沉积于皮下和内脏器官之间，有保护内脏器官、隔热、保温、防止热量散失、保持正常体温、促进食欲的作用。同时脂肪还是脂溶性维生素的介质，如维生素A、D、E、K等均需溶于脂肪后才能被人体吸收和利用，所以拥有适量脂肪有益于提高人体的免疫功能。对宝宝来说，脂肪可提供30%左右的热量。

脂肪可分为油与脂两种，在室温20摄氏度下呈液体状的称为油，如豆油、花生油、芝麻油等，又称植物油；呈固体状的称为脂，如猪油等，也称动物油。

无论是油还是脂，均由脂肪酸和甘油组成。植物油所含的脂肪酸多是不饱和脂肪酸，这是人体不能合成的必须脂肪酸，俗称的"脑黄金"DHA也是其中的一种不饱和脂肪酸，具有软化血管、健脑益智、改善视力的功效；而动物性脂肪中所含的脂肪酸，大多是饱和脂肪酸。

虽然肥肉吃起来很香，但肥肉里含有90%左右的动物脂肪，摄入大量的动物脂肪对正在生长发育中的宝宝是不利的。若宝宝成长期食用过多的动物脂肪，就会影响钙的吸收，并可造成将来血脂和血中胆固醇的异常，从而导致心血管疾病。植物油中所含的不饱和脂肪酸是宝宝神经发育、髓鞘形成所必须的物质。

食物中不饱和脂肪酸供给不足，既可影响宝宝神经发育，还可影响宝宝的智力水平，甚至会导致宝宝生长发育迟缓。所以，宝宝要多吃植物油，少吃动物油。

### 从膳食中补充钙最好

钙是孩子最容易缺乏的宏量元素，虽然它在许多食物中存在，但总量还是较少，并且，当与某些不易吸收的物质结合在一起时，人体吸收很困难。其他宏量元素钠和氯，只要食物中有一点咸味就足够需要了，而磷和钾在一般天然食物中的含量也很丰富，只要孩子吃饱了就不会缺乏。中国人的传统膳食，多为植物性食品，缺乏含钙高的食物，因此钙往往是不足的。

补钙的途径和方法很多，对于婴幼儿来讲，养成良好的饮食习惯，从膳食中摄取钙是最好的方法。要从膳食中摄取足够的钙，就要进食含钙量高、容易吸收的食品。在天然食品中，含钙高、吸收较好的食品除了母乳，当数牛奶。一个婴幼儿一天只要吃500毫升牛奶（相当于市售牛奶2瓶）就摄入了500毫克的钙，加上其他食物中的钙，基本可以满足生理需要。从膳食中补充钙，不会发生补充过多的不良反应。

除了进食含钙高的产品，还要注意多让孩子做户外运动，多晒太阳，加强小孩体内维生素D的合成，促进钙的吸收，保证小孩每天吸收到足够的钙质。

### 适量吃点醋有益健康

满1岁的宝宝已经基本可以食用盐、味精、酱油、米醋等调味品了，这些调味品能让宝宝的饭菜更加鲜美可口，以促进他的食欲。另外，巧用米醋还能让宝宝的健康受益呢！

米醋中含有乳酸、柠檬酸、琥珀酸、葡萄糖、甘油以及多种氨基酸，还含有维生素$B_1$、$B_2$以及钙、磷、铁等微量元素，在宝宝的膳食中加入适量的米醋能提高宝宝胃液中的酸度，既能增强宝宝的免疫力，还有助于消化。在烹调菜肴的时候，妈妈可以通过以下的一些方法来添加米醋。

1. 做凉拌菜时加入适量的米醋可以帮助杀菌，防止宝宝患上胃肠炎。

2. 煲骨头汤时适量加点米醋能促进人体对钙质的吸收，因为醋可以使骨头发生脱钙现象。

3. 做鱼时加米醋不但能减轻鱼腥味，还能使鱼骨中的钙质溶解出来，而且鱼肉的味道也会更香，口感更好，可谓是一举多得。

4. 炒蔬菜时适量加点米醋能更好地保存蔬菜中的维生素C。

## 合理搭配食物有利于健脑

大脑对营养的要求是非常高的，糖、蛋白质、脂肪尤其是类脂、微量元素、维生素等，都是大脑不可缺少的营养素。而在自然界中，没有任何一种食物能含有人体所需的全部营养素，因此，为了维持大脑的营养需要，就必须把不同的食物搭配起来食用。

现代营养学把食物分成两大类：一类是主要供给人体热能的，叫热力食品，又称"主食"。另一类是副食，主要是更新、修补人体的组织和调节生理机能的，又叫保护性食品，如豆制品、蔬菜等。

主食的种类也有很多，它们所含的氨基酸、维生素、无机盐的种类和数量又互不相同，故不能用一种粮食作为主食，而应该做到粗细粮合理搭配。副食中的肉类、蛋类、奶类、鱼类、海产类、豆类和蔬菜等都能提供丰富的优质蛋白质和人体所必须的脂肪酸、磷脂、维生素、钙、镁、碘等重要营养素，对人体健康起着非常重要的作用。但副食在营养上也各有长短，因此也应该搭配食用或变换食用，这样才能保证人体营养的全面性。

## 第四节 适合宝宝左右脑开发的游戏：公鸡喔喔叫

过家家

○ 游戏目的

提高宝宝的模仿能力。生活性游戏可以训练宝宝对日常生活的观察能力，提高其模仿能力，在模仿中学习生活常识。游戏的潜移默化影响往往胜过指令性教育。从小养成良好的生活习惯，有助于宝宝日后的学习和成长。

○ 游戏准备

布娃娃、书、玩具电话等。

○ 游戏步骤

1. 妈妈拿出布娃娃，对宝宝说："娃娃该睡觉了。"让宝宝给娃娃脱衣服，盖好被子。

2. 过一会儿，妈妈提醒宝宝："娃娃该起床了。"让宝宝给娃娃穿好衣服，带娃娃"出去"玩。

3. 妈妈还可以拿出玩具电话，让宝宝给娃娃打电话，跟娃娃"聊天"。

4. 妈妈拿出一本书，鼓励宝宝模仿妈妈给娃娃讲故事。

○ 游戏提醒

1. 提供宝宝特别感兴趣的玩具，开始由妈妈来做示范、宝宝模仿，也可以让宝宝自己发挥想象力。

2. 宝宝沉浸在想象中的世界时,妈妈千万不要对宝宝的语言或想法横加指责。

### 帮水果宝宝找到家

◯ 游戏目的

提高宝宝的归类能力。宝宝按照指令将同样的东西放在一起,这种能力的获得标志着宝宝初步归类和概念化的发展,这是通向抽象思维的必经途径。排序对发展宝宝的比较能力、数概念、序数词以及逻辑思维能力等都有很大帮助,是发展宝宝数学智能的有效方法。

◯ 游戏准备

苹果、香蕉、葡萄等宝宝爱吃的水果,相应的水果图片。

◯ 游戏步骤

1. 分别让宝宝说出水果的名称。
2. 把水果图片摆在地板上,告诉宝宝这里是水果宝宝的家。
3. 让宝宝把水果一个一个送回"家"。

◯ 游戏提醒

1. 游戏前,先将水果洗净、擦干。
2. 游戏过程中,妈妈可以同时教给宝宝有关水果的其他知识。

### 拍拍手,跺跺脚

◯ 游戏目的

提高宝宝肢体灵活性。这个游戏不仅能发展宝宝大动作和精细动作的协调性，学习听指令做动作，还能进一步促进宝宝身体运动的灵活性，培养宝宝的节奏感和动感，促进其身体运动智能和音乐智能的发展。

### 游戏准备
较大的游戏空间。

### 游戏步骤
1. 爸爸、妈妈和宝宝围成圈，以宝宝伸手能拉住爸爸、妈妈的手的距离为宜。
2. 爸爸、妈妈唱歌，带领宝宝做拍手、跺脚、拍肩膀的动作。
3. 爸爸、妈妈和宝宝先各自拍手和跺脚，拉手转几圈后，爸爸、妈妈轮流和宝宝拍拍手、跺跺脚、拍拍肩。

附：《幸福拍手歌》
如果感到幸福你就拍拍手（跺跺脚、拍拍肩），如果感到幸福你就拍拍手。
如果感到幸福你就把它表现出来吧，如果感到幸福你就拍拍手。

### 游戏提醒
1. 游戏时，转圈的动作不要太大，以免宝宝失去平衡而跌倒。
2. 如果宝宝的动作一时不能做到位，请不要着急，慢慢来。

## 画个苹果大又红

### 游戏目的
锻炼宝宝的手眼协调能力。宝宝正处在涂鸦阶段，不一定按照成人的要求作画。这个时期重点是训练宝宝手眼协调能力，只要宝宝能专心涂涂画画，就值得赞赏，画成什么并不重要。通过图画，宝宝可以感受到线条、色彩和形状变化，还可以让宝宝体会美、欣赏美，提高审美水平。

### 游戏准备

水彩笔一盒、白纸若干张、苹果挂图一幅。

### 游戏步骤

1. 游戏准备好水彩笔和白纸、苹果挂图,让宝宝说出苹果的形状和颜色。

2. 妈妈拿水彩笔在白纸上画一个圆,鼓励宝宝拿起笔来像妈妈这样做。

3. 如果宝宝还不会握笔,妈妈可先握住宝宝的小手,在纸上画圈,再让宝宝自己画。

4. 妈妈帮助宝宝完成苹果图画,并把苹果涂上鲜亮的红色。

### 游戏提醒

1. 光线要适宜,以免影响宝宝视力。
2. 要选择无异味的水彩笔。
3. 要注意宝宝的握笔姿势,防止宝宝把笔放进嘴里,确保安全。

### 游戏目的

锻炼宝宝分类能力。按颜色和形状给积木分类,可以促进宝宝对色彩和形状的辨识能力,引导宝宝形成分类、集合概念。数数,让宝宝初步感知"一样多"的概念。

### 游戏准备

各种颜色积木或大粒木质串珠。

### 游戏步骤

1. 选形状、颜色各异的积木,和宝宝一起进行分类游戏。
2. 先将积木按颜色分类,再按形状分类,教宝宝认识各种颜色和形状。
3. 将相同颜色积木摆成一排,让宝宝看看各种颜色是否"一样多"。
4. 再将相同形状积木摆成一排,让宝宝看看各种形状是否"一样多"。

### 游戏提醒

选择无异味、不伤害宝宝身体健康的积木或串珠。

## 公鸡喔喔叫

### 游戏目的

训练宝宝表达能力。宝宝这时只能发一些音,说一些简单词语,但这个时期是宝宝理解语言和对语言产生兴趣的关键时期,丰富的游戏内容可以锻炼宝宝听和说的能力。

### 游戏准备

公鸡毛绒玩具、大公鸡图片或画册。

### 游戏步骤

1. 妈妈拿出大公鸡图片,告诉宝宝:"这是大公鸡,它有红红的冠子,美丽的羽毛,多漂亮啊!它是怎么叫的呢?"
2. 引导宝宝学公鸡叫:"喔喔喔。"
3. 让宝宝拿着毛绒玩具,鼓励宝宝学公鸡叫,让宝宝亲亲公鸡的羽毛。

4. 还可以拿一些其他动物图片或玩具来学动物的叫声。

**游戏提醒**

发展宝宝的语言能力，仅靠几次游戏是不够的，爸爸、妈妈可以根据宝宝实际发育的情况，多开展一些类似的游戏活动，让宝宝在游戏中自然而然地发展语言能力。

## 比赛摆棋子

**游戏目的**

让宝宝认识多与少，并在训练中培养宝宝的数学兴趣，从而达到提升宝宝左脑数学能力的目的。

**游戏准备**

一副棋和一个棋盘。

**游戏步骤**

1. 妈妈和宝宝围着棋盘坐下。妈妈让宝宝决定要哪种颜色的棋，宝宝决定好后，妈妈和宝宝各拿好自己的棋子。

2. 妈妈说："开始！"宝宝和妈妈将自己的棋子排列到棋盘上，直至妈妈喊"停"为止，然后让宝宝比较谁排得多，谁排得少。训练可反复进行。

3. 当训练结束时，将棋子一个一个收回盒子里，边收棋子边数数。比如，放一个，数一个数；再放一个，再数一个数。这样可使宝宝理解数字。

**游戏提醒**

家长应根据宝宝排的棋子数来决定自己排的棋子数，因为要和宝宝有一个明显区别，宝宝排5个，妈妈可排10个。妈妈也可比宝宝排的少，激发宝宝的训练兴趣。

### 小小豆子捡起来

**游戏目的**

下蹲锻炼。宝宝能独立站立、行走后，爸爸、妈妈就应逐渐发展宝宝"下蹲"的能力，这是一种既简便易行又颇具锻炼价值的活动。下蹲的动作，需要宝宝具备更强的身体协调和平衡能力，是促进宝宝身体运动智能发展的好方法。重复性游戏可以培养宝宝细心、耐心地做事，并逐渐养成习惯。

**游戏准备**

鸡妈妈和小鸡的头饰各一个、红豆若干。

**游戏步骤**

1. 妈妈和宝宝分别戴上鸡妈妈和小鸡的头饰。

2. 妈妈将红豆撒在地上，然后妈妈唱儿歌："小鸡鸡，叽叽叽；肚子饿，要拾米；叽叽叽，叽叽叽；吃饱肚子，笑嘻嘻。"

3. 唱完之后，妈妈要引导宝宝和自己一起低头弯腰，头上下动，学小鸡吃米的样子。蹲下拾起地上的"大米"。

4. 到户外玩沙子、捡树叶等都是锻炼宝宝下蹲动作的良好方式。

**游戏提醒**

1. 引导做下蹲动作时，应先教宝宝蹲的方法。

2. 捡豆子时注意宝宝不要将豆子放到嘴里。

## 第五节 17—18个月智能开发效果测评

### 17—18个月宝宝的智能测评

1. 认识几种交通工具：汽车、马车、自行车、飞机、火车、轮船等：

A. 6种（12分）　　B. 5种（10分）

C. 4种（8分）　　D. 3种（6分）　E. 2种（4分）

（7种以上每种递增1分）

以10分为合格

2. 认颜色：红、黑、白、黄等：

A. 3种（15分）　　B. 2种（10分）　C. 1种（5分）

（3种以上每种递增3分）

以10分为合格

3. 认数字或汉字：

A. 3个（15分）　　B. 2个（9分）　C. 1个（5分）

（4个以上每个3分，5个以上每个2分，10个以上每个1分递增）

以9分为合格

4. 认识家庭照片中的亲人:

   A. 6人(14分)   B. 4人(12分)

   C. 3人(9分)   D. 2人(6分)   E. 1人(3分)

   (6人以上每人增加2分)

   以12分为合格

5. 拿蜡笔画长线,为鱼点眼睛,会画圆(封闭的曲线):

   A. 三项(15分) B. 2项(10分) C. 对1项(5分)

   以10分为合格

6. 说出自己"1岁"伸食指表示:

   A. 会说(6分)   B. 伸指(3分)

   以6分为合格

7. 背儿歌:

   A. 全首(15分)   B. 背两句(10分)

   C. 背押韵字(6分)

   (每首儿歌递增5分)

   以10分为合格

8. 替大人拿东西,如拖鞋、板凳、日用品:

   A. 拿对4种(10分)   B. 3种(8分)

   C. 2种(4分)   D. 1种(2分)

   (五种以上每种递增2分)以10分为合格

9. 自己端杯喝不洒:

   A. 自己端杯(5分) B. 大人端杯(3分) C. 用奶瓶(0分)

   以5分为合格

**10. 自己会去坐盆：**

A. 白天不湿裤子（12分）　　B. 偶而湿裤子（9分）

C. 每次要大人提醒（6分）　　D. 要人把（0分）

以9分为合格

**11. 跑步：**

A. 自己渐慢停止（12分）　　B. 扶人扶物停止（10分）

C. 大人牵着跑步（5分）　　D. 不敢跑（记0分）

（跑得快增加3分）以9分为合格

**12. 踢球：**

A. 不必扶物或扶人（9分）

B. 扶人扶物才踢球（6分）

C. 牵手踢球（3分）

（跑步踢球增加3分）以9分为合格

○ 结果分析

1、2、3、4题测认知能力，应得41分；

5题测手的技巧，应得10分；

6、7题测语言能力，应得16分；

8题测社交能力应得10分；

9、10题测自理能力，应得14分；

11、12题测运动能力，应得19分，共可得110分。90—110分为正常范围，120分以上为优秀，70分以下为暂时落后。哪道题在及格以下，可先复习上月相应试题，通过后再练习本月的题。哪道题在优秀以上，可跨月练习下月同组的试题，使优点更加突出。

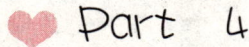

## 宝宝19—20个月：伸出手指学数数

## 第一节 开发宝宝的左脑：宝宝讲话耐心听

**训练宝宝的语言能力**

**多与宝宝说话。**要说规范语言，禁用"儿语"，比如有的家长汽车不叫"汽车"，叫"嘀嘀"，喝水不叫喝水，叫"咕咚咕咚"等。

**给宝宝以良好的语言氛围。**充分利用便于背诵的儿歌，乃至唐诗宋词，给宝宝以良好的语言氛围。

**要有极大的耐性。**1—2岁的宝宝对大人的话可能似懂非懂，而且自己能弄清楚的单字语言也十分有限，可这个年龄的宝宝偏偏又有非常强烈的表达欲望。因此，往往会造成宝宝表达不是很清楚，或说话语速非常的慢。此时，家长一定要很有耐性地等待宝宝把话说完，并让宝宝讲明白。相信家长的这种认可，会让宝宝找到更多的自信。也因如此，宝宝的语言能力自然就能得以迅速地提高。

**学表示五官的英文单词。**爸爸说nose（鼻子）、eye（眼）。同时用手指鼻子、眼睛，让宝宝也跟着指，连续让他练习几次。以后爸爸自己不指，只说单词，看看宝宝能否指对。如果没有听错，可以让宝宝跟着读单词，如果宝宝读的正确，两个人可以轮流读出单词让对方去指。学会了两个单词，下次再接着学习ear（耳朵）和mouth（嘴）。

**赢字卡。**爸爸妈妈把宝宝学过的和准备学的汉字，用硬纸板写成字卡。每天晚饭后同宝宝做赢字卡的游戏：宝宝拿到字卡后能自己读出字卡上的字来，就能赢到一张字卡。宝宝赢到一堆字卡，就有了成就感，很愿意再学。爸爸妈妈用橡皮圈把宝宝已经熟悉的字卡捆起来，把当天新学的几个字另作一捆，作为第二天复习用。每三天把以前学过的字温习一次，周末把本周学到的再复习一次。爸爸妈妈利用赢字卡的方法，使宝宝对学字有成就感。父母将复习时宝宝忘记的字放到新字堆里，从头再学，直到宝宝记住为止。新字卡的内容可以来自宝宝看过的故事、会背诵的儿歌、家里的家具和宝宝喜爱的玩具。字卡的内容要与宝宝的生活息息相关，才容易让他感兴趣而且易于记住。

### 训练宝宝的精细动作能力

　　多变的积木。准备3块方积木，用2块积木先搭桥墩，在桥墩上加上1块积木做桥面，个别的宝宝可在旁边多加1块，再在2个桥顶上再搭桥，出现2层的金字塔。宝宝会搭金字塔，表明宝宝懂得搭积木的平衡原理，如果留的空隙太大，桥顶就不稳。完全没有空隙，小船过不了桥洞，搭出来的金字塔也不好看。宝宝会自己估量，留出合适的空隙，渐渐懂得搭积木时要考虑到积木的平衡。

　　准备6块方积木和一本方形的小厚纸书。先摆出两块积木，在积木上面放一本厚的硬皮书当桌子，四面各放一个方积木当小凳子，就成了一套小饭桌。如果积木和厚书都有剩余，就可以搭几张小饭桌，做成一个小食堂。如果在一条尺子或者一条长的积木的两端下面放两块方积木，搭成一条长的案子，加上这些小饭桌，就成一个馄饨摊子，或者卖许多食物的大排档。如果把两块积木搭高放在长板一端下，一头着地，又成了滑梯。如果在长板中央下面顶上一块积木，再在长板上面两头各放一块积木，就成了跷跷板。宝宝用积木可以模拟搭建平时生活中常见的东西，使搭积木变得更有趣。

**分色穿殊子**。妈妈先给宝宝一些黄色和蓝色的珠子，让他练习穿珠子。他会先穿一个黄色的，再穿一个蓝色的，隔一个换一种颜色，穿出来的珠子很漂亮。如果宝宝能穿得很长，妈妈可以把穿好的珠子替他挂在脖子上当项链；如果穿得不够长，可以当手镯，这让宝宝有成就感。如果宝宝还愿意再穿，可以拿出白色的和黄色的两种珠子，先穿白色的珠子，再穿黄色的珠子，也是隔一个换一种颜色。这条项链也很漂亮，可以配颜色淡雅的衣服。宝宝穿珠子会越来越熟练。父母应鼓励宝宝穿珠子时自己学着搭配不同的颜色。

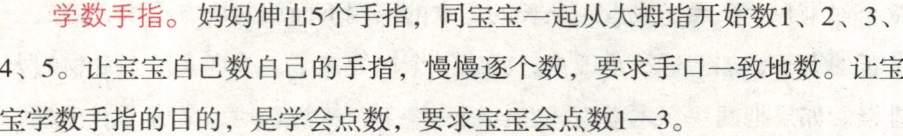

**训练宝宝倒米和倒水**。用两只小塑料碗，其中一只放1/3碗大米或黄豆，让宝宝从一只碗倒进另一只碗内，练习至完全不撒出来为止。再学习用两碗倒水。

**按大小套桶**。按大小顺序套上6—8层的套桶，能分辨一个比一个大的顺序，而且手的动作协调，能将每一个套入，并且摆好。

## 训练宝宝的数学逻辑能力 ★★

**学数手指**。妈妈伸出5个手指，同宝宝一起从大拇指开始数1、2、3、4、5。让宝宝自己数自己的手指，慢慢逐个数，要求手口一致地数。让宝宝学数手指的目的，是学会点数，要求宝宝会点数1—3。

**认识长方形**。妈妈拿一张黄色的正方形的大纸，问宝宝："这是什么形状？"宝宝知道是正方形。妈妈把纸对边折过来，压平，出现了长方形。妈妈让宝宝认识长方形，长方形有长边和短边。再把两个短边对齐折过来，把纸压平，又出现了正方形。把纸交给宝宝，看看宝宝能不能把长方形再变回来。让宝宝认识长方形，并知道正方形可以变成长方形，长方形也可以变成正方形。

### 训练宝宝的视觉空间能力

**分辨里外。** 把黄色的积木和白色的积木放在一个盒子里，让宝宝把黄色的积木捡出来放到盒子外面。宝宝已经认识白色，很容易把白色的积木留下。盒子里有黄、白两件衣服，让宝宝拿出一件黄色的衣服，看他是否能拿对。

**比长短。** 拿两支铅笔（小木棍也可以）让宝宝比长短。可以让宝宝把两支铅笔的底部靠在桌上，高起来的一根就是长的铅笔。宝宝可以拿两条长积木比较，用同样的方法比出哪条积木长些。比较软东西的长短，如两条绳子，可以用手指捏住绳子的一头，把绳子拉直，拉到后来有一根掉下来，仍在手上的一根就是长绳子。不过让宝宝比较的绳子要尽量短一些，以免宝宝的手拉不过来。总之比较时一定要把一端对齐，这端可以靠着桌子、靠着墙、用手捏着一头、把两头靠拢等，固定一头，另外一头哪根长就是长的东西。

**比高矮。** 宝宝们都知道比高矮，两位宝宝背对背站着，在两人头上放一本书，书翘起来的小朋友高些。如果比东西，如比酱油瓶高还是奶瓶高，可以把两个瓶子放在桌面上比较。宝宝的玩具熊同布娃娃比，把它们都放在桌上让它们站起来，就能看出来哪个高一些了。让宝宝学会把两件东西放在同一平面上来比一比，就分出高矮了。

## 第二节 开发宝宝的右脑：这是上，那是下

**训练宝宝的大动作能力**

**射球。** 用一个大箱子，或一条长板凳当作球门，爸爸同宝宝轮流踢球入门，看谁进的球多。爸爸可以站得离"球门"远一些，让宝宝站得离"球门"近一些。如果还有小朋友来参加，爸爸可以当教练，让两个孩子一同练习踢球，训练宝宝双脚的协调配合。

**踩脚印。** 妈妈用纸给宝宝剪10—12个脚印，把脚印按左右脚排开，左右脚印之间的距离与宝宝的肩宽相同，每一步的距离比宝宝平时走的距离略大一些。让宝宝按着脚印走，一方面可以使宝宝学迈大步，另一方面可以使宝宝走路时双足放直，避免成八字脚。

**走平衡木。** 父母去找一块20厘米宽、1米长、3—5厘米厚的木板，放在地上，让宝宝在上面练习走路。宝宝第一次在比地面高的板上走，有点儿害怕。走几回就好了，因为身体已经适应了木板的高度，可以来回地走，也可以双手各提个小篮子走，或两手各拿小铃铛，但要求走木板时不能把铃铛弄响。这个游戏是让宝宝学会保持身体平衡，如果身体不平衡，要学会依靠手来帮助身体维持平衡。手动时，铃铛会被弄响。虽然走厚木板容易，但是游戏规则很严格，所以十分有趣。

**跳远训练。** 与宝宝相对站立，拉着宝宝的双手，然后告诉宝宝向前

跳。熟练后可让他独自跳远，并继续练习从最后一级台阶跳下独立站稳的能力。

**跑与停训练。**在跑步熟练的基础上，继续练习能跑能停的平衡能力，如对宝宝喊"开始跑，一、二、三停"，要反复练习。注意，大人要站在宝宝的前方，使宝宝易于扶停而不易摔倒。

### 训练宝宝的适应能力

**涂鸦。**交给宝宝一支笔、一张纸，让宝宝在纸上涂抹。不是教他如何画画，而是让他体会信手涂抹的乐趣，从中获得对色彩和线条的敏感。

**认识性别。**结合家庭成员教宝宝认识性别，如"妈妈是女的，你也是女的"，逐渐让宝宝能回答"我是女孩"。也可以用故事书中图上的人物问"谁是哥哥？""谁是姐姐？"以认识性别。

**学数数。**幼儿对物品大小、数量的认识是在对实物的比较中形成的，搜集大小质地不同的各类小物品，如积木块、贝壳、纽扣、小瓶盖等，尽量让宝宝用眼看，动手摸，张口讲，通过多种感观参与活动，比较认识物品的大小和数量。还可配合教点数，如口读数1，手指拨动一个物品，读2，用手指再拨动一个小物品，读3，再拨动一个物品，教点数1—3。学拿实物"给我1个苹果"，"给我2个苹果"等。

**学会辨别长短与多少。**用两支长度不同的铅笔让宝宝分辨哪支长，哪支短。再辨别筷子、绳子、辫子、裙子的长短。结合生活实际，如分苹果，让宝宝懂得多少，和大人比个儿知道高矮，翻书知道厚薄等。

**分辨前后和上下。**让宝宝将两手放在身体前面和后面，或把物品放在身前和身后，使宝宝明白前后。然后让宝宝将物品分别放在桌子的上面或下面，练习分辨上和下。

**学习物品属性。**对物品属性的认识，是通过生活实践获得的。宝宝最喜欢认水果、点心的名称，也渐渐学会饭菜的名称，知道这些都能吃。宝宝认识自己的玩具名称，知道玩具不能吃。最后才学会生活用具和衣服的名称，将用的和穿的分开。

**知道该怎么办。**口渴时要喝水，肚子饿了要吃饭，困了要睡觉，冷了要穿衣，热了要脱衣，病了要上医院等。

### 训练宝宝的社交行为能力

**安静的游戏。**妈妈同宝宝一起坐下，闭上眼睛，安静地听外面的声音。这时就会听到各种声音，比如远方汽车跑过的声音、猫叫声、小鸟叫声、刮大风、下雨、打雷的声音、邻居的电视声、收音机的声音等等。或者楼上有人走路、有东西掉在地上、搬动家具的声音等，这些声音平时也有，不过也许并未引起注意。只有静下心来才能觉察到。安静的游戏会使平时好动的宝宝安静片刻，让他有一个平静的心境，去倾听周围的声音，探寻声音后面的秘密，让他知道安静下来也很有趣。

**不要吵醒别人。**午饭后，奶奶在房间里睡觉，妈妈告诉宝宝："奶奶睡着了，别吵醒她。"妈妈在一旁看书，让宝宝在小桌上穿珠子。宝宝很想同妈妈说话，妈妈用食指放在嘴前，表示不要吵。妈妈静静地踮起脚尖走过去，原来宝宝的绳子打结了，妈妈替宝宝把结打开，又踮起脚尖走回来。让宝宝把娃娃放在板凳上，给它盖上一条毛巾，宝宝也学妈妈的样子，踮起脚尖走。妈妈要过来看看，宝宝把食指放在嘴前，让妈妈也保持安静，因为娃娃睡

着了。妈妈懂得宝宝的用意，也很注意保持安静。这样做有两个好处：其一，让宝宝学会关心别人，不打搅别人睡觉；其二，让宝宝学会保持安静。

刚学说话的宝宝会不停地自言自语，成天咿咿呀呀，跑来跑去。让他学会保持安静，能使其身体得到休息。

**学做家务。**一定要培养宝宝做一些力所能及的自我服务性劳动。坚持让宝宝模仿家长做简单的事，如拿拖鞋、拿衣服、搬小板凳、分碗筷等。不论做得好与不好，一律由衷地赞美他。

**教宝宝文明语。**家长与宝宝对话，或与他人交往中，应注意使用文明用语，如"您好"、"谢谢"、"晚安"、"请您"等。宝宝在潜移默化中也就自然而然地学会了礼貌待人的品德和相应用语。

**继续培养交往能力。**提供跟同龄宝宝一起玩的机会，为宝宝准备活动场所和玩具，如沙坑、积木、捏面团、水盆等，让他和几个宝宝一起玩。和同伴玩时，玩具数量要充足，以免发生纠纷。

**判断是与非。**在宝宝与他人交往中，继续教他是非观念。如他出现打人、咬人的行为时，大人要用语言、手势、眼神批评他，增强宝宝的控制力，且终止这种行为。对宝宝不良行为的制止要及时，态度要坚决，但不要打骂，更不能庇护、骄纵。

**手心手背。**爸爸、妈妈和宝宝可以在一起做家庭游戏，爸爸发号令："手心。"大家把手心向上，如果宝宝不会可以看着妈妈，模仿着把手心翻向上。爸爸再发号令："手背。"大家又把手背翻向上。先练习几次，以后谁做错了，就让谁来发号令。宝宝如果说不出来，可以用手来表示号令，让宝宝有带动游戏的积极性。这个游戏可以训练宝宝听从号令的能力。

### 训练宝宝的音乐能力

**用鼓敲节拍。** 爸爸妈妈一同唱《小兔子乖乖》的歌，一面唱一面拍手。给宝宝一面小鼓和两根小棍，让宝宝自由地敲鼓，看宝宝鼓敲得是否合拍。如果宝宝能够准确地打拍子，爸爸妈妈只唱歌不拍手，让宝宝自己掌握节拍。爸爸妈妈可以再换一支歌，妈妈只管唱，由宝宝自己打拍子，看宝宝的鼓点是否能敲对。节拍是音乐的三大重点之一，是孩子们最早能掌握的能力，有些宝宝在6—7个月时会按节拍挥动手和脚，或者敲床栏。

父母可以记录宝宝能准确地自己主动打节拍的月龄，以估量宝宝的音乐能力。

**跺脚摇动身体。** 当宝宝听到自己喜欢的音乐时，会不由自主地跺脚或摇动身体表示高兴。爸爸妈妈可以从宝宝的表情中判断出宝宝喜欢哪一类乐曲。可以让宝宝听儿童歌曲、舞曲、进行曲、小夜曲、摇篮曲等。

无论古典音乐、流行音乐、电视插曲、戏曲等都可以让宝宝欣赏。宝宝喜爱的乐曲基本上会与父母喜爱的乐曲相同。

## 第三节 为宝宝左右脑开发提供营养：绿色蔬菜养出聪明宝宝

### 影响身高增长的因素

每对父母都希望自己的宝宝将来能长得高一些，那么父母就要从小给宝宝补充充足的营养，以满足宝宝生长发育的需要。那么影响宝宝身高的因素都有哪些呢？

#### 遗传因素

身高和遗传有着较为密切的关系，一般来说，如果父母的身材较高的话，那么其子女的身高也会比较高，如果父母的身材比较矮小的话，那么其子女的身高可能也不会太高。虽然这不是绝对的定论，但科学研究证明，人类身高的75%是由遗传因素决定的。

#### 营养因素

在后天的各种影响身高的因素中，营养至关重要，不仅包括宝宝出生后的营养，而且包括孕期妈妈的营养。所以，准妈妈在妊娠期间要特别注意饮食的合理搭配，均衡摄入各种营养，使胎儿在母体中就能获取良好、足够的养分，为日后的健康成长打下基础。在宝宝出生之后，父母要保证其生长发育所需的四大营养素：蛋白质、矿物质（尤其是钙和各种微量元素）、维生素和脂肪酸。另外，过多摄入糖和盐会阻碍宝宝身高的增长，所以父母不宜让宝宝进食太多甜点、果汁、可乐以及含盐量较高的食物等。要从小就让宝宝养成饮食清淡的好习惯，少吃那些经过加工的食品，如火腿、香肠、汉堡、肉松等，因为这些食物中的磷和添加剂会影响钙质的吸收，影响宝宝的骨骼发展。

### 运动因素

科学研究发现，运动有利于宝宝长高。宝宝经常在户外活的话，阳光的照耀会促成身体内的维生素D的合成，从而促进钙质的吸收，利于身高的发育。充足的运动还有利于血液的循环和新陈代谢，能为骨骼的生长创造良好的环境。

## 哪些食物有助于宝宝长高

宝宝的身高与很多因素有关，儿童营养学专家认为，在诸多的后天因素中，营养是至关重要的。日常饮食中有不少能帮助长高的食物，如鱼类、瘦肉、蛋类、牛奶、豆制品、动物内脏以及新鲜水果、蔬菜等都有利于宝宝身高的增长及大脑的发育。

蛋白质是生命的基础，大脑组织以及许多重要的生命物质都是由蛋白质构成的，蛋白质还是构成骨细胞的最重要的材料，因此为宝宝选择高蛋白食物如牛奶、鱼类、蛋类、瘦肉、大豆、鸡蛋是非常重要的。

如果宝宝每餐有两种以上的蛋白质食物，那就可以提高蛋白质的利用率和营养价值了。

与骨骼生长最密切的矿物质是钙和磷，镁也是构成骨骼架构的最基础元素，因此充足且适当的矿物质补充对骨骼的拉长非常重要。钙的吸收和利用要通过鱼肝油、蛋黄、维生素D以及日光中的紫外线照射才能发挥出作用。含钙丰富的食物有牛奶、虾皮、海带及豆制品、芝麻酱等。另外，缺锌是影响宝宝身高的重要原因之一，牛羊肉、动物肝脏、海产品等都是锌的最佳来源。而草酸、纤维、味精等会影响锌的吸收，因此吃含草酸高的食物如芹菜、菠菜等应该先焯水然后再食用。

### 燕麦片能促进宝宝的智力发展

燕麦又称皮燕麦，在我国常被称为"筱麦"和"玉麦"。燕麦是一种营养价值很高的粮食，对促进宝宝的智力发育有极大的好处。

燕麦营养丰富，每100克燕麦中的蛋白质含量高达15克，脂肪约7克，碳水化合物约62克，此外燕麦还含有极其丰富的亚油酸，占全部不饱和脂肪酸的35%—52%。每100克燕麦中含钙50—100毫克，B族维生素的含量更是居各种谷类粮食之首，尤其富含维生素$B_1$，能够弥补精米精面在加工中丢失的大量B族维生素。燕麦所含蛋白质中的赖氨酸含量很高，具有促进宝宝智力发育和骨骼生长的作用，还可治疗食欲不振和消化不良等症。

燕麦是谷物中唯一含有皂甙素的作物，它可以调节人体的肠胃功能，降低胆固醇。因为燕麦中同时富含可溶性纤维和非可溶性纤维。可溶性纤维可大量吸收体内胆固醇，并排出体外，从而降低血液中的胆固醇含量；非可溶性纤维有助于消化，能预防宝宝便秘。而且燕麦还能很好地清除宝宝体内的垃圾，预防肥胖症的发生。

燕麦符合营养学家所提倡的"粗细搭配、均衡营养"的饮食原则，能满足人体生长发育的需要。燕麦不但是1岁以上宝宝的营养食品，其实也是全家人的健康之选。

### 让宝宝爱上吃蔬菜

蔬菜含有丰富的维生素和矿物质，是人类不可缺少的食物。但是，我们常常看到有的孩子不爱吃蔬菜，或者不爱吃某些种类的蔬菜。儿童不爱吃蔬菜有的是因为不喜欢某种蔬菜的特殊味道；有的是由于蔬菜中含有较多的粗纤维，儿童的咀嚼能力差，不容易嚼烂，难以下咽；还有的是由于儿童有挑食的习惯。采用一些巧妙的方法，可以激起孩子吃蔬菜的欲望。

### 1. 吃蔬菜要先茎后叶

大多数宝宝不爱吃蔬菜，是由于小时候被成团的菜叶卡住过喉咙所致。因此，妈妈给宝宝添加蔬菜时，选择蔬菜要按照先茎后叶的原则，避免宝宝被多纤维蔬菜卡着，特别是芹菜这样的蔬菜。可先选择一些纤维相对较少的蔬菜让宝宝尝一下，再过渡到吃茎多的蔬菜。

### 2. 使蔬菜变得五颜六色

一提起蔬菜，你的脑海中是否浮现出一个单色的调色板：西蓝花、菠菜……一切都是绿色。但其实蔬菜也是色彩斑斓的，有红、黄、紫……每种颜色的蔬菜都能为餐桌增添新的维生素和矿物质。可以把胡萝卜、切片瘦肉和青椒等搭配在一起，盘子里五颜六色，会引发宝宝食欲。

### 3. 把蔬菜"藏"在面皮里给宝宝吃

不少宝宝喜欢吃带馅的食品，将蔬菜和着肉一起裹在面皮里做成带馅的食品，和成馅之后的蔬菜原来的味道也会变得比较淡，宝宝接受起来自然也容易些。

### 4. 不强制宝宝吃不喜欢的蔬菜

避免宝宝日后不吃蔬菜的最有效的方法，是在1岁以前就让他们品尝到各种不同口味的蔬菜，打下良好的饮食习惯基础。一些有辣味、苦味的蔬菜，不一定非强制宝宝去吃，包括味道有点怪的茴香、胡萝卜、韭菜等，以免严重地伤害宝宝的心理。

### 5. 告诉宝宝吃菜益处

不误时机地告诉宝宝多吃蔬菜有什么好处，不吃蔬菜会引起什么不好结果，并有意识地通过一些故事让宝宝知道，多吃蔬菜会使他们的身体长得更结实，更不容易生病。

### 6. 将蔬菜做成健康沙拉

不要再做单调的炒青菜，而是在蔬菜中拌入生姜、酱油、米醋、料酒和芝麻油，制成蔬菜沙拉，换下口味，宝宝也许会喜欢。

### 7. 给蔬菜披上一层美丽的外衣

宝宝通常喜欢外观漂亮的食物，妈妈要尽可能把蔬菜做得色彩和形状

都更漂亮些。把不同的色彩配在一起,将蔬菜摆出不同的可爱形状等等。

### 8. 尝试新口味

根据营养学家分析,很多人不喜欢吃蔬菜是因为他们已经厌倦了经常吃的蔬菜的味道,也不知道其他蔬菜是何滋味。营养学家李伯特介绍了自己的经验:"你只要试着去吃些从未尝过的蔬菜,也许你就会喜欢上那种味道,说不定就吃上瘾了。"因此,去菜市场挑选那些平常少吃的蔬菜吧,宝宝也喜欢新意。

### 9. 以更适合宝宝口味的方法烹调

改变烹调方法,是让宝宝爱上蔬菜的一个重要步骤。有的菜炒过以后,味道就会变得不太好接受,妈妈可以把这些蔬菜做成凉拌菜。如宝宝爱吃肉,可以在炖肉的时候里面配一些土豆、胡萝卜、蘑菇等蔬菜,让蔬菜的味道变得更好接受。

### 10. 从兴趣入手培养宝宝喜欢蔬菜

不要为了让宝宝吃蔬菜,妈妈就轻易地给他们许愿,这样会使他们更认为吃蔬菜是一件很苦的差事。正确的做法是培养宝宝对蔬菜的兴趣,对蔬菜产生唯美的感官认识。儿童心理专家认为,乡下的孩子几乎很少有厌吃蔬菜的现象,就与从小形成的这种意识相关。妈妈可通过让宝宝和自己一起择菜、洗菜来提高他们对蔬菜的兴趣,如洗黄瓜、西红柿或择豆角等。吃自己择过、洗过的蔬菜,宝宝一定会觉得很有趣。

## 第四节 适合宝宝左右脑开发的游戏：小兔子乖乖

### 捉蝴蝶——学跳舞

#### 游戏目的

锻炼宝宝肢体协调能力。积极活动身体，学习按节拍进行活动，可以促进宝宝大运动能力综合发展以及反应能力的提高，提高其动作连续性和准确性。音乐和舞蹈都是人们表达情感的形式，让宝宝从小感知音乐和舞蹈的美感，可以激发其潜在的创造力，使生命更富于活力。

#### 游戏准备

音乐磁带一盒。

#### 游戏步骤

1. 妈妈先做示范动作。
2. 放音乐，配合音乐和宝宝一起做动作。

附：儿歌《捉蝴蝶》

蝴蝶蝴蝶飞飞，（两手在体侧平举，上下摆动）

宝宝宝宝追追。（两手握拳在身体两侧，前后摆动）

青蛙青蛙跳跳，（曲臂两手掌朝前，上下跳动）

宝宝宝宝笑笑。（两手握拳食指朝脸蛋，头左右摆动）

🔴 **游戏提醒**

1. 给宝宝选择歌曲和舞蹈时一定要考虑其年龄特点，选择一些与宝宝生活接近的、适合他的曲目。

2. 播放《小燕子》、《娃哈哈》、《种太阳》等歌曲，让宝宝自己根据歌曲做动作。

## 搭积木

🔴 **游戏目的**

发展宝宝手的精细动作和想象力，锻炼宝宝手、眼、脑等器官协调并用的功能，发展宝宝的立体感，从而开发其右脑。

🔴 **游戏准备**

积木。平时带宝宝出去时，多让宝宝观察周围事物的形状。

🔴 **游戏步骤**

1. 父母和宝宝一起用积木搭成各种物品的形状，如高楼、火车、小桌子、椅子、沙发、船、小房子等。

2. 家长可以先用积木搭一辆火车或汽车，让宝宝说出所搭的物品是什么。

3. 然后让宝宝自己搭物品，随心所欲地搭自己喜欢的东西。

🔴 **游戏提醒**

父母可以指导宝宝按积木图示的图案进行造型，启发宝宝的想象力。

### 宝宝翻山越岭

**游戏目的**

锻炼宝宝爬行能力。这个时期的宝宝虽然学会了走路、跑跳，但爬行对他们来说仍然是一个很重要的活动项目。这个游戏可以训练宝宝的爬行和翻越能力，促进其大脑的发育。攀爬的过程不仅是对体质的训练，更是对意志力的磨炼。意志力强的人长大后能够面对困难，勇于迎接挑战。

**游戏准备**

床上或地板上。

**游戏目的**

1. 爸爸俯卧在床上，腰略拱起，让宝宝在爸爸的腿部和背部爬上爬下。

2. 多次练习后，爸爸用手臂支撑在床上，跪下，使体位抬高，引导宝宝从爸爸腿部向背部爬行。

3. 当宝宝爬到爸爸背部时，让宝宝将双臂绕在爸爸的颈部，爸爸背着宝宝来回爬行，然后将宝宝从背上滑放到床上。

4. 在家中准备一块较大的活动场地，让爸爸和宝宝比赛，看谁爬得快。

**游戏提醒**

1. 在游戏过程中要鼓励宝宝大胆向上爬，增强宝宝战胜困难的勇气。

2. 宝宝爬的时候，妈妈要在旁边保护，以免宝宝玩得兴起，出现意外。

### 花样走

**游戏目的**

提高宝宝的控制和平衡能力。学习双脚前后交替相接前进,可以有效提高宝宝行走技能,让他感受行走带来的乐趣,增强独立行走的信心。让宝宝从小感受挑战的乐趣能使其心态比较稳定,遇到困难不会慌乱、逃避,从容接受挑战。

**游戏准备**

在地上画出一条直线或弧线。

**游戏目的**

1. 妈妈示范走直线。双脚前后相接,即用右脚尖接左脚跟、左脚尖再接右脚跟,交互前进,身体保持平衡。

2. 鼓励宝宝走直线,两手侧平举,以保持身体平衡。

3. 以后可以在宝宝手上放两个小玩具,要求宝宝走直线时手上的东西不能掉下来。

4. 等宝宝熟悉后,还可以走弧线。

**游戏提醒**

1. 刚开始宝宝会觉得比较困难,也达不到要求,不要强迫宝宝,让他走起来就可以了。

2. 可以灵活变化玩的方法,不要让宝宝觉得枯燥。

### 带宝宝野外踏青

**游戏目的**

提高宝宝综合运用感官的能力。这个时期的宝宝经过多方面训练,已经具有了良好的综合能力，有意识地引导，将会促进宝宝综合运用感官的能力，并学会观察事物的方法。丰富的刺激和感受，让宝宝领略大自然的神奇和美好，可以提高宝宝探索自然的兴趣和能力，养成善于探索、善于发现的良好习惯。

### 游戏准备

春暖花开的时节，带宝宝到郊外去。

### 游戏步骤

1. 引导宝宝说出天空的颜色、白云的形状。让宝宝说说风吹在脸上是什么感觉。

2. 引导宝宝观察大树的高度、小河的流动，辨别花朵的色彩，听听小鸟的歌声，找一找小鸟的家在哪里。

3. 引导宝宝闻一闻空气里泥土和小草的味道。

4. 在出游的时候教宝宝念儿歌。

附：儿歌《今天天气真好》

今天天气真好，花儿都开了，

杨柳树儿对着我们弯弯腰，

蜜蜂蝴蝶飞来了，小鸟喳喳叫，

小白兔儿一跳一跳又一跳。

### 游戏提醒

1. 选择郊游的地点不宜太远，以免宝宝途中过于疲劳，失去游玩的兴趣。

2. 注意看护宝宝，防止发生意外。

### 树叶沙沙响

**游戏目的**

动作技能训练。训练宝宝快步走、踩等动作技能，提高宝宝的运动水平，增强体质。

**游戏准备**

外面有落叶乔木的场地，如公园、校园等。

**游戏步骤**

1. 妈妈领着宝宝到户外走一走，如公园、校园等，引导宝宝观察树叶飘落的景象。

2. 妈妈捡起一些树叶捧在手里，高高地举起再撒下来，说："下雨啦。"

3. 让宝宝去抓撒下的树叶，妈妈在前面跑，宝宝在后面追。

4. 让宝宝踩一踩树叶，再让宝宝捡起树叶，用一根树枝串起来，玩"卖羊肉串"的游戏。下雨、下雪的时候带宝宝出去蹚蹚雨水、踩踩雪，听一听小雨"沙沙"的声音和小脚踩在雪地上"咯吱咯吱"的声音吧，你想象不出宝宝会有多么快乐呢！

**游戏提醒**

带宝宝在户外玩耍，妈妈只要注意宝宝的安全即可，对宝宝玩的方式不要横加干预和指责。

### 上下楼梯我能行

**游戏目的**

提高宝宝的整体运动能力。这个时期宝宝的双手和双腿动作的协调

性、随意性、灵活性大大增加，这个游戏能够有意识地锻炼宝宝爬楼梯的能力，加强腿部力量，提高整体运动能力。

● 游戏准备

一些宝宝熟悉且喜爱的玩具。

● 游戏步骤

1. 爸爸、妈妈带宝宝来到楼梯边，妈妈拿着玩具在楼梯上逗引宝宝。

2. 鼓励宝宝自己扶着栏杆爬上楼梯拿玩具。在这一过程中妈妈要不断鼓励和称赞。

3. 爸爸可站在宝宝身旁给予保护，但是不要牵着宝宝的手走。

### 游戏提醒

1. 楼梯不要太陡，以防摔伤。

2. 如果宝宝没有自己扶墙或扶栏杆上楼梯的意识，妈妈可以扶着他的手，逐渐过渡到宝宝自己扶墙或扶栏杆上楼梯。

3. 生活中需要上下楼梯时，应鼓励宝宝自己走，逐渐做到宝宝能独自走楼梯。

4. 爸爸、妈妈千万不要在宝宝走楼梯时包办代替，但一定要注意安全。

## 小兔子乖乖

● 游戏目的

安全教育。给宝宝创设安全舒适生活的同时，还应加强安全意识教育。这个游戏，可以提高宝宝的警惕性，让宝宝明确"不能给陌生人开门"的简单道理。潜移默化的教育可以使宝宝增长分析事物的能力，提高辨别能力，为今后的学习和生活打下良好心理基础。

### 游戏准备

家中或室外较大的游戏空间。

### 游戏步骤

1. 妈妈教宝宝唱《小兔子乖乖》的歌谣，让宝宝了解故事情节。"小兔子乖乖，把门儿开开，妈妈回来，快点开开；不开不开，不能开，妈妈没回来，谁来也不开。"

2. 宝宝装扮成兔宝宝，妈妈扮作兔妈妈去采蘑菇，和宝宝说"再见"。

3. 爸爸装扮成大灰狼，捏着嗓子说："小兔子乖乖，把门儿开开，我是妈妈。"

4. 宝宝说："啊，是妈妈回来了！"跑去"开门"。

5. "大灰狼"一进门，就把宝宝"吃"了。

6. 再进行第二遍，宝宝就说："你不是妈妈，不给你开门。"

### 游戏提醒

1. 家人要和宝宝多接触，让宝宝能够熟识家人和朋友。

2. 让宝宝了解什么是陌生人。

## 第五节 19—20个月智能开发效果测评

### 19—20个月宝宝的智能测评

1. 9—10张物名相同的图片当中，找出哪几张完全相同：

    A. 3对（10分）　　B. 2对（6分）　C. 1对（3分）

    以10分为合格

2. 当着宝宝面把娃娃藏在第一个地方，再取出来藏到第二个地方，看宝宝能否找出：

    A. 马上找出（9分）

    B. 到第一个地方寻找（6分）

    C. 乱找（0分）

    以9分为合格

3. 说出物品用途：肥皂、碗、勺子、剪刀、钥匙、鞋、笔、娃娃、枕头、梳子：

    A. 对6种（16分）　　B. 5种（14分）

    C. 4种（12分）　　　D. 3种（9分）E. 2种（6分）

    以12分为合格

4. 积木搭高楼：

A. 10块（10分）　B. 8块（8分）

C. 6块（6分）　　D. 4块（4分）E. 积木搭桥（加4分）

以10分为合格

5. 珠子：

A. 穿上2颗（12分）　B. 穿上1颗（9分）

C. 穿入别针后（6分）　D. 穿上套环（3分）

（2颗以上每颗加3分）以9分为合格

6. 看宝宝的衣服问"这是文文的吧？"回答：

A. "我的"（10分）　B. "宝宝（名字）的"（8分）

C. 拍拍自己（4分）　D. 点点头（2分）

以10分为合格

7. 背儿歌：

A. 背诵全首（10分）　B. 背前两句（8分）

C. 背押韵的字（4分）　D. 不会（0分）

以10分为合格

8. 小朋友在一起时：

A. 有笑容，喜欢同小朋友在一起（12分）

B. 动手抢别人的玩具（10分）

C. 躲开别人自己玩（8分）

D. 在母亲身边不与别人接近（4分）

以12分为合格

9. 做家务：抹桌子、拿东西、掸土、把东西放好、扫地：

A. 4种（12分）　　　　B. 3种（9分）

C. 2种（6分）　　　　D. 1种（3分）

以9分为合格

10. 衣服：

A. 脱去已脱一袖的上衣（9分）

B. 拉下松紧带裤子（8分）

C. 扒开开裆裤（7分）

D. 能伸手仰头让大人脱（2分）

以9分为合格

11. 退着走：

A. 7步（7分）　　　　B. 5步（5分）

C. 3步（3分）　　　　D. 2步（2分）

以5分为合格

### 结果分析

1、2、3题测认知能力，应得31分；

4、5题测精细动作，应得19分；

6、7题测语言能力，应得20分；

8题测社交能力，应得12分；

9、10题测自理能力，应得18分；

11题测运动能力，应得5分。共计可得105分。总分在85—105分之间为正常，115分以上为优秀，70以下为暂时落后。哪道题在及格以下，可先复习上月相应试题，通过后再练习本月的题。哪道题在优秀以上，可跨月练习下月同组的试题，使优点更加突出。

♥ Part 5

# 宝宝21—22个月：自娱自乐玩"乐器"

## 第一节 开发宝宝的左脑：一个蛋糕分三份

### 训练宝宝的语言能力

**引进形容词。**教宝宝说："妈妈漂亮"、"爸爸高大"，到公园看到草地，教他说"碧绿的青草"；看到溪水，可以说"清澈的溪水"；看到小鸟，说"美丽的小鸟"。

**同爸爸妈妈对话。**在18—20个月之间，许多宝宝开口说话了，他们说出的话并不易懂，有时像打电报那样，如"开——蕉"是让爸爸妈妈剥开香蕉；"球——桌——去"是说皮球滚到桌子下面去了。不过宝宝会用手去指，使父母理解他的话。宝宝如果早点儿学会说押韵词，开口说话后就能很快会背整首儿歌，而且会说两三个字的话。如"要苹果"、"拿去"、"爸爸走"等。从1岁半到2岁之内，宝宝说得最多的是名词，有时加上动词。后3个月说话能力发展较快，这3个月内宝宝能说的词从50个发展到200—300个，有些宝宝能说7—9个字的句子。各个孩子语言发展的差异很大，这一段时期有些宝宝还不会叫妈和爸，个别孩子21个月会背2首完整的儿歌，22个月能同爸爸妈妈对话，句子达7—8个字，会向父母学舌"不对，是他打我"，有时还会用动作表示等。

父母用看图书讲故事教宝宝说话的办法，对这两种宝宝都同样有效。还不会称呼父母的宝宝可以继续用手指图来回答问题，只要他听得懂，慢慢学习也会说话的。

图书对语言发展快的宝宝更加有用,有些宝宝能记住整句话。爸爸妈妈不在时宝宝会自己翻开书来看图背故事,如同认识字一样。有时宝宝们也会把整句话背出来,他们说话的能力会越来越好。

**认书名。** 妈妈找一本宝宝经常看的故事书,让宝宝学认书名的几个字,如《婴儿画报》或《婴儿世界》。有些书会直接标上故事的名称,如《小兔子乖乖》、《小猫钓鱼》等。宝宝听过故事,就很容易说出故事的名字来,然后逐个字对号入座,就很容易记住这几个字了。有些宝宝在2岁前后已经认识200—300个字,对于逐个认字已经失去了兴趣,那妈妈要把宝宝认识的字应用起来,尤其是让宝宝学会认书名,或者打开一页让宝宝也能认出其中几个字。宝宝知道认字可以看书,就会要求认识自己还不会的字,使他认字的积极性再度上升。

**学英语认水果。** 妈妈拿出3—4种水果图片,对照水果图片用英文和中文将其名称逐个教给宝宝,如banana(香蕉)、apple(苹果)。先让宝宝听妈妈说名称,然后依名称取水果图片。练习几次后,改为妈妈指物,宝宝说出英语单词。然后再接着学orange(橘子)、peal(梨),也是先学听名拿物,后学说出物名。

最后将两组学过的水果放在一起让宝宝练习,也是先练听名取物,后练说出物名。平时吃到这些水果时,妈妈就随时给宝宝复习,以巩固记忆。2岁前后宝宝可以记住相当多的单词,只要经常复习,宝宝就容易记牢。

## 训练宝宝的精细动作能力

**按红黑白黄的次序穿珠子。** 上个月妈妈只让宝宝用两种颜色的珠子来交替穿珠,穿出来的珠串只有两种颜色。现在让宝宝把上次穿的两串珠子合并起来,变成有四种颜色的串珠,这对宝宝来说有一定的难度。让宝宝先穿上不同颜色的四颗珠子,留出一段绳子,照这四颗珠的颜色顺序穿后面的珠子，一段一段穿，才不会出错。这既练习了孩子手的技巧，也提高了他们按次序做事的逻辑智能。

扔套圈。妈妈准备几个动物玩具如兔子、长颈鹿等作为套圈玩具。然后把作为目标的动物放在离宝宝约半米处，让宝宝手上拿几个大圈。妈妈先做示范，把一个圈扔出，套在动物的身体上。有些玩具会发出声音以示祝贺。接着让宝宝自己练习扔出套圈，看看是否能套住目标，如果套得很好，可以把套圈的玩具动物向后移，增大玩具与宝宝间的距离。

如果没有套圈玩具，可以用一个空的酱油瓶来代替目标。用粗铁丝或硬的塑料绳或不干胶自制套圈，也可以让宝宝玩得很高兴。

定型撕纸。用缝纫机把纸扎出一定形状，按照针孔撕纸，使之出现圆形、三角形、正方形、长方形，让宝宝学做。

拼插玩具。妈妈教宝宝玩拼插玩具，如插木头人。木头人有头、身子和底座，头上有帽子，两侧有手。妈妈先做示范，在底座上先插上身体，然后插上头，头上戴上帽子，身体两边插上手就完成了。接着，妈妈把木头人拆开，让宝宝自己拼插。因为木头人的拼插很简单，宝宝能明白，所以不太费劲就能学会。

塑料的拼插玩具很多，宝宝可以先学比较容易的乐高玩具。妈妈先照着图用4—5块插成一件东西给宝宝做示范，再拆开让宝宝自己拼上。让孩子学习拼插既锻炼他手的技巧，同时他要想象每一块应当插在哪个部位，即把进入视觉的信息，输入大脑进行分析，大脑再指导手的操作，是感觉统合的练习之一。感觉统合有障碍的孩子拼插能力落后，只有经常与同龄儿童一起玩，才能及早发现感觉统合障碍。

### 训练宝宝的数学逻辑能力

分一半和分三份。早上宝宝吃不了一个馒头，妈妈用刀切开馒头，分一半给宝宝，自己吃另一半。第二天让宝宝来分馒头，宝宝把馒头分一半给妈妈，自己留一半。以后宝宝知道可以用刀来分馒头、蛋糕、香蕉等食物。

晚上爸爸回家，有好吃的要分三份，宝宝看着妈妈用刀把蛋糕分成三份，宝宝可以试试，分得不准确也不要紧。宝宝知道分两份和分三份不同，分两份可以在中间切开，分三份要先切一小半，再分另外那一大半。有了这些体验，以后如果和小朋友在一起时，要分东西吃，他就会分了。

**认半圆形。**妈妈分烙饼，先在中间切一刀，圆形的饼就成了两个半圆形。再让宝宝知道把两个半圆形合拢，就成了圆形。宝宝自己学着把圆饼分成两个半圆形。认识圆形后再认半圆形并不困难，记住名称就可以了。

**认4。**当旗升上旗杆以后布面会往下垂，整个旗子就会如同4一样，所以4像一面旗子。如果带宝宝去看升旗，宝宝就会记住4的外形。父母教宝宝学写4时，让宝宝从上面开始，先画斜的布面，再画竖的旗杆。宝宝用画图的心态去写4就很容易成功。

**跳蹦蹦床数数。**宝宝很爱跳蹦蹦床，因为蹦蹦床有弹性，宝宝不容易感到疲劳。开头时爸爸妈妈替宝宝数数，教宝宝数，跳一下数一下，从1数到5，渐渐地宝宝学会了自己边跳边数。

宝宝最容易数错的地方是9—10，19—20，29—30。父母在宝宝容易数错的地方帮个小忙，很快宝宝就能自己数数了。有些宝宝能数到20，少数能数到30或40。早晨跑步时父母也可以同宝宝一起数数。数到5时休息一会儿，再从头数起，跑步回家时接着数。在运动时让宝宝数数，比坐着数数有趣。许多宝宝不愿意专门学数数，而是喜欢边玩边学。

### 训练宝宝的视觉空间能力

**用套碗排大小。**妈妈可以在套碗的碗底贴上数字，让宝宝自己按大小顺序来排列，从最小的开始，一个比一个大，一直排到第三个。如果宝宝不能确定哪一个大些，可以让宝宝将碗比较一下。如果宝宝认识数字，可以按数字的排列顺序来排队。排好队后，先把最大的放在下面，按顺序一个一个扣着摆上，就变成了一座塔。

**拼切成3块的拼图。** 父母可以自制这种简易的拼图，将一幅内容简单的动物图或水果图贴在硬纸上即成一幅完整的拼图。可以用多种方法将图切成3块。

### 1. 平行切两下

如果是一幅牛的图，父母可以将它平行切成片，第一片有头，第二片有身体，第三片有尾巴。这样，宝宝看着图片就知道哪一片应当放在哪里。如果是一幅苹果的图，平行切开时，第一片为苹果的左侧1/3，第二片为苹果当中带把儿的部位，第三片为苹果的右侧1/3。当宝宝拿到第一片图时，他要考虑到底应放在哪一侧。有些宝宝很机灵，他先找中间有把儿的一块，把把儿朝上放好，然后拿旁边两块边比边放。旁边的两块是需要比着放的，因为初看时难以判断哪头朝上，所以不能决定它们哪一块放在左侧，哪一块放在右侧。如果宝宝学会照着图的边缘拼就能拼对。

### 2. 丁字切法

如果是一幅牛的图，用丁字切法将图片分为三片，即第一片有头，第二片有背，第三片有腹部和腿。宝宝会先摆好头部，如果看见第二张牛的背部会横着放，拼第三片就不困难了。有些宝宝会竖着把牛的背部与头部摆在一起，但又合不拢。如果宝宝试着先把第二片牛背放在上面，第三片腹部和腿放在下面，合拢后再和头摆在一起，就能摆成功。苹果图按丁字切法有两种可能，一种先横着切，把有把儿的部位切成第一片，再将下半部平分为两片。宝宝先摆有把儿的一片，再合拢另外两片，然后放在第一片下方即成。另一种方法是先竖切，再把苹果的有把儿部分和底部切开。宝宝先拼有把儿部分和底部，再合上另一片即成。爸爸妈妈先让宝宝自己试，实在有困难时再示范和讲解，使宝宝懂得如何分辨各部分应放的位置，以培养宝宝辨认空间方位的能力。

## 第二节 开发宝宝的右脑：握着铅笔学写字

**训练宝宝的大动作能力**

**学兔子跳。** 妈妈同宝宝一起，把双手的食指和中指竖起来放在头上，然后身体略蹲下，学兔子跳，双脚要同时跳起。如果一家三口在户外玩，可以用粉笔在地上画两个圈分别作为兔妈妈和兔宝宝的家。爸爸躲在树后当大灰狼，妈妈领着宝宝在圈外玩，看到大灰狼出来了马上用兔子跳的办法跳回家。如果爸爸先占了谁的家，谁就出去当大灰狼。开始玩这个游戏时，爸爸不要去占宝宝的"家"，以免让宝宝害怕。待宝宝学会了兔子跳，而且看到爸爸妈妈玩得很高兴时，再偶尔占1—2次宝宝的"家"，以使他保持警惕性，知道不能离开"家"太远，否则难以及时跳回去。

**用脚尖走路。** 中午妈妈睡午觉了，爸爸和宝宝为了不吵醒妈妈，轻轻地用脚尖走路。宝宝要穿软底鞋才容易踮起脚尖。在练习时让宝宝用一只手扶着椅子或其他家具，先练一只脚跟提起，再练两只脚跟同时提起，然后扶着东西学走路，再让爸爸牵着宝宝用脚尖走。每次让宝宝学走短短一段路，再把脚底放平走，使小腿的肌肉得到放松。不能让宝宝长时间用脚尖走路，以免小腿肌肉紧张过度。短时间的练习一方面让宝宝学会走路轻盈，一方面也有利于脚弓的形成。

**骑"三轮车"。** 让宝宝自己骑小三轮童车，必要时可用小绳拉着，帮助他用力。逐渐练习使宝宝能独立骑"三轮车"往前走。

　　训练宝宝往高处爬。让小儿搬个板凳放在床前或沙发前，先上板凳，上身趴在上面，然后把一条腿抬起放床上，帮助他爬上去。孩子渐渐学会爬上椅子，再到桌子上够取玩具。独自够取高处之物，会有一定危险，家长应将热水瓶及可能伤害孩子的物品移开。桌子上不要铺桌布，不放易烫易伤物品，以免发生意外事故。

### 训练宝宝的适应能力

　　教宝宝写字。先学写近似的数字，如会写1，再学写4，然后再学写2和3。再教宝宝写简易汉字，如一、二、工、土、人、大等。

　　教宝宝认时间。"吃过早饭可以到院里玩耍"，"等爸爸下班回家"，"吃过晚饭该睡觉"，"等睡醒后再……"

　　辨别方向。继续培养宝宝的分辨力，如把玩具放在桌子上、椅子下、抽屉里、盒子外等。大人和宝宝一同站在大镜子前玩分左右的游戏。按口令摸自己的"右眼睛"、"左耳朵"、"左肩膀"、"右膝盖"、"右胳臂肘"、"左眉毛"、"右耳垂"等，使宝宝进一步认识身体部位和分清左右。

　　训练宝宝收拾自己的玩具和物品。宝宝的玩具、衣服、鞋袜等，要放在固定的地方（玩具要放在宝宝容易取放的地方），并让宝宝知道这些东西放置的位置。宝宝要玩具时，开始要与宝宝一起去拿，玩完后，教他放回原处，逐渐让他自己取放。

　　感知学习。握住宝宝的小手轻轻触摸盛热粥的碗，并告诉他"烫"。多次练习后，宝宝会形成条件反射，再遇到热粥、热水时他就知道怕烫而缩手，还能说"烫"这个词。同样让宝宝感受什么是凉，什么是软硬，什么是毛糙光滑等，培养宝宝的触觉和冷热觉。

## 训练宝宝的社交行为能力

**谁在讲话**。周末,宝宝家中来了阿姨和叔叔,爷爷和奶奶也在家。爸爸正在同叔叔、阿姨们交谈,妈妈抱着宝宝坐在沙发上。两人都在专心地听着爸爸同叔叔、阿姨谈话。有时,叔叔、阿姨也会向宝宝提问,宝宝要有礼貌地回答问题。

**邀请宝宝的朋友来家做客**。一旦宝宝有了朋友,哪怕只是一个,马上邀请他到家里来玩。趁着这个机会可以教宝宝学习待客,学习帮助别人,学习分享玩具。如果宝宝将好吃的食品与小朋友一起分享,父母要及时给予表扬和鼓励,这样会大大激发宝宝与同伴长期友好相处的愿望。同时,父母还可以在家里开辟出一个"游乐场",让宝宝和他的小朋友一起在里面玩。要注意的是:游戏的过程中,一定要密切注意宝宝的反应和心情,一旦他们发生摩擦、发脾气开始吵闹时,父母要给予制止和正确的引导,告诉宝宝在交友中什么是应该的,什么是不应该的。

**合作游戏**。鼓励孩子和同年龄的孩子一起玩,给他们相同的玩具,以避免争夺。当一个孩子做一种动作或出现一种叫声时,另一个孩子会立刻模仿,互相笑笑,这种协同的游戏方式是这一时期的特点。孩子们不约而同的做法使他们互相默契而得到快乐。家长要想办法为孩子创造这种一起玩的条件。

**变高和变矮**。妈妈同宝宝面对面站着,两个人同时举起双手,并踮起脚尖儿,一起说:"变高了。"过了一会儿,妈妈又说:"变矮了。"两个人又同时蹲下,用双手抱住头,把头垂得很低,再用手抱着膝盖,这时人变成球样,真的变矮了。

这样宝宝就学会了改变自己身高的方法。接着,妈妈可以教他,如果要够取高处的东西时,可以用变高了的样子去够取;如果要钻过矮洞,要把自己变矮,用手抱头,可防止把头碰伤;如果要长时间在矮洞内等候时,可用手抱膝盖,使自己得到休息。

有了这些本领，宝宝可以教小朋友们玩，从而发展宝宝和小朋友们交往时组织活动的能力。

跳出来。让宝宝躲在桌子下、长窗帘后、门背后或者大箱子里，安静地等候着爸爸回家。爸爸到家时，正奇怪："怎么不见宝宝呢？"宝宝突然跳出来，扑到爸爸怀里，使两人大笑不已。这种游戏只能用于爸爸能按时回家的情况，如果爸爸回家不定时，就不能玩这种游戏了。

有时宝宝趁妈妈做事时，躲起来，等妈妈找宝宝时，宝宝可以跳出来，大声说："我在这里！"

有时宝宝可以给爸爸妈妈演戏，宝宝带个娃娃躲在箱子里，一会儿让娃娃跳出来，用尖细的声音说："娃娃到！"马上又缩回去。

一会儿自己伸出头来说："宝宝到！"又缩回去，最后才跳出来。

爸爸妈妈还要鼓励宝宝在同小朋友们交往的时候，不怕羞，敢于在小朋友们面前表演。

### 训练宝宝的音乐能力

自己唱歌。这个阶段的宝宝会唱几句或者全首自己喜欢的歌曲。有些宝宝经常哼哼自己作的曲子，如果爸爸妈妈有心去把宝宝唱的歌谱写下来，会发现一些有趣的现象。有时，宝宝哼唱他听过的曲子当中他自己喜爱的部分；有时，他在哼唱自己记忆中的一小段旋律。如果爸爸妈把这些声音收录起来，再放给宝宝听，宝宝会十分高兴地重复哼唱。

父母不断地把宝宝哼唱的歌曲录下来，会给宝宝很大的鼓励，他会把自己创作的歌曲完成。宝宝懂得唱完了该怎样收场，他会用一个接长的1—或5—做结尾。父母也要学唱宝宝的歌，可以替他将歌完善一些，因为宝宝还不懂节拍和小节的规律，只凭高兴去唱，得到爸爸妈妈的修改后才能成一段乐曲。这是一种十分珍贵的音乐萌芽。

敲打乐器。能打响的东西都可以作为乐器，宝宝的许多玩具都能发出声音，都可以作为乐器。如宝宝小时候玩过的哗铃棒、铃铛、小鼓、捏响的玩具等，家庭中的筷子、盘子、空的罐头、空的瓶子、空的盒子以及木琴玩具等都可以作为敲击乐器。准备好一些能敲响的东西，家里每人手头都拿一样，放一段录音，先听听是什么拍子，然后爸爸妈妈同宝宝一起敲。待宝宝敲熟了，让宝宝自己敲。

音乐欣赏。爸爸找出一盘录音带或光盘当中的一首名曲，先让宝宝听一遍，再给宝宝讲解这首名曲的来历。例如舒伯特写了一首很有名的摇篮曲：睡吧，睡吧，我亲爱的宝贝，妈妈的双手轻轻地摇着你；摇篮摇着你快快安睡，安睡在摇篮里，温暖又安逸。同时，爸爸讲这首曲子的来历：当时舒伯特十分贫穷，有一次，他把所有的钱都用光了。晚上到了一家餐馆，要了一盘土豆，却没有钱付账。于是他叫人拿来一张纸，写了这首曲子来抵账，后来这首曲子成了他著名的代表作。

宝宝听了这个故事，对这首曲子就有了感情，很快就能学会曲子的旋律和歌词。

## 第三节 为宝宝左右脑开发提供营养：吃点"苦"好处多

### 宝宝多吃山楂益处多

山楂能增加胃中的蛋白酶的分泌，具有助消化的功能，可帮助消化胃中食物，尤其是脂肪类食物。宝宝胃内的各种辅助成分分泌不足，而由于其生长发育的需要，蛋白质和脂肪的摄入量又较多，如果调理不好就容易造成积食、消化不良，还可能出现腹胀、恶心、不想进食等症状，经常给宝宝吃一些山楂能起到调理肠胃、促进消化的作用。

山楂中含有多种矿物质，如钙、铁、钾、钠，特别是维生素C的含量很高。维生素C能帮助体内形成细胞胶，维持正常的组织功能。宝宝的免疫调节功能较差，而维生素C可以增强宝宝对疾病的抵抗力，还能促进伤口愈合，对痢疾杆菌也有较强的抵制作用。

山楂可增强宝宝的脾胃功能，还可增进食欲、提高免疫力、预防腹泻等。妈妈也可以用山楂做主料，给宝宝做一些山楂餐。

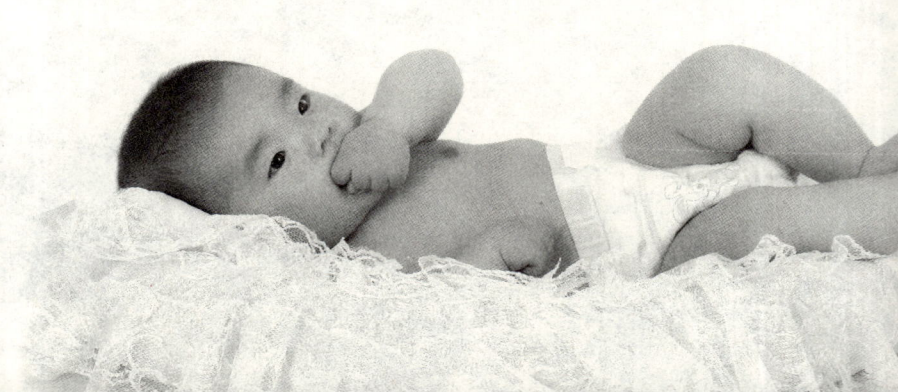

### 宝宝吃"苦"好处多

辛、甘、苦、酸、咸是饮食的五种味道,也就是人们常说的五味,只有摄入的五味平衡,人才会健康。但是,现在儿童摄取的咸、甜之味过多,并已引发许多疾病,造成幼儿体质不佳,抵抗力下降。为了改变五味失衡,应给孩子吃些苦味食品,而且苦味食品有以下几点好处:

1. 可以促进食欲。苦味因其清新、爽口而能刺激舌头的味蕾,激活味觉神经;刺激唾液腺,增进唾液分泌;刺激胃液和胆汁的分泌,加强消化功能。这一系列作用结合起来,便会增进小儿的食欲,对增强体质、提高免疫力有益。

2. 可以清心健脑。苦味食品可去心中烦热,具有清心作用,使头脑清醒。

3. 可以促进造血功能。苦味食品可使肠道内的细菌保持正常的平衡状态。这种抑制有害菌、帮助有益菌的功能,有益于肠道功能的发挥,尤其对肠道和骨髓的造血功能有帮助,这样可以改善儿童的贫血状态。

4. 可以泄热、排毒。祖国医学认为,苦味属阴,有疏泄作用,可疏泄内热过盛引发的烦躁不安,还可以通便,把体内毒素排出,使小儿不生疮疖,少患疾病。

其实,苦味食品很多,家长可以给小儿选择食用。苦味食品以蔬菜和野菜居多,如莴苣叶、莴笋、苦瓜、萝卜叶、苔菜、杏仁、莲子心等。

### 婴幼儿喝酸奶好吗

酸奶营养素、能量密度均较高，含有营养素多达20余种，特别是一杯酸奶（150毫升）可以提供婴幼儿30%的能量和钙质以及10%左右的蛋白质。简单地说，如果你的孩子（1—3岁）每天喝150毫升酸奶，就等于满足了他全天生长发育需要的1/3的能量和钙质。酸奶和人奶很相似，容易消化，特别适合于消化系统不成熟的婴幼儿。

酸奶能促进脑发育。酸奶中含半乳糖，半乳糖是构成脑、神经系统中脑苷脂类的成分，与婴儿出生后脑的迅速成长有密切关系。两岁之前是脑发育的关键时期，此时保证充足的能量和半乳糖供应，对促进婴幼儿生长发育有良好作用。

酸奶可预防腹泻。腹泻是婴幼儿时期最常见的疾病。酸奶中含充足的乳酸菌，并且有适宜的酸度，常饮酸奶可以有效抑制有害菌的产生，提高免疫能力。因而能够预防腹泻或缩短慢性腹泻持续的时间，减少急性腹泻的发病率。有学者认为，每天饮用0.5—0.75千克的酸奶，可以治疗腹泻。酸奶治疗腹泻可以减少抗生素耐药性的发生。酸奶能提高抗生素对致病菌的敏感性，因此非常有益于婴幼儿的健康。

## 第四节 适合宝宝左右脑开发的游戏：点点豆豆

### 点点豆豆

 游戏目的

锻炼宝宝动作的灵敏性。研究表明，大脑皮层的成熟程度随手指运动的刺激强度和时间而加快。因此，宝宝手指的灵活运动，是提高大脑两半球皮质机能的有效手段。互动性游戏强调宝宝的参与感和主动性，让宝宝在玩的过程中感受参与的快乐，提高自我意识。

游戏准备

室内或室外适宜的环境。

游戏步骤

1. 妈妈把宝宝抱在怀里，用左手握住宝宝的一只手。
2. 妈妈用右手食指点点宝宝的手心，一边点一边念儿歌："点点豆豆，豆子长大，长大开花，开花结豆，一抓一把。"让宝宝跟着妈妈念。
3. 说到"一抓一把"时，让宝宝立即握拳，设法抓住妈妈的食指。
4. 也可以互换角色，让宝宝来点豆，妈妈来抓宝宝的手指。

游戏提醒

游戏中应视宝宝的反应灵敏度调整妈妈说儿歌的速度，应该让宝宝能抓住妈妈手指几次，以提高宝宝游戏的兴趣。等宝宝真正能抓住了，妈妈可以再加快速度，训练宝宝的反应能力。

### 小手印在画纸上

#### ◯ 游戏目的

锻炼宝宝手的精细动作。这个时期的宝宝动作发育更加成熟，需要学习一些复杂、技巧性的动作。印画游戏，可以让宝宝手部动作更加协调，更加巧妙，丰富宝宝的生活，让宝宝在生活中得到更多体验和更多经验来丰富其想象力，从而使宝宝具有超凡的创造能力。

#### ◯ 游戏准备

白纸、颜料一盒。每一种颜料的调色盘中放一块海绵，以控制蘸颜料的量。

#### ◯ 游戏步骤

1. 妈妈示意宝宝用一只小手在颜料盘里蘸上红色（或者黄色）颜料，印在白纸上。
2. 让宝宝观察小手留下的痕迹。
3. 让宝宝用另一只小手蘸另一种颜色的颜料，印在白纸上。
4. 用纸巾把宝宝的手擦干净，让他随意蘸取颜料，在纸上印画。
5. 妈妈和宝宝一起欣赏宝宝的大作，让宝宝说说那些小手像什么图案。

#### 游戏提醒

给宝宝穿一件旧衣服。如果颜料弄到脸上，可以带宝宝照照镜子后再洗干净，让他看看自己的大花脸，宝宝会更开心。

### 指一指，认一认

**○ 游戏目的**

提高宝宝认识能力。不断强化宝宝对五官、四肢的认识，有助于宝宝增强对自身的认识，通过游戏训练还可以让他更广泛地认识周围事物。从小建立宝宝对文字的兴趣，有助于其今后的识字、阅读和写作，为其成为一个善于运用文字表达的人打下基础。

**○ 游戏准备**

眼睛、鼻子、嘴巴、手、脚、妈妈、爸爸、宝宝、奶奶、爷爷等字卡若干张。

**○ 游戏步骤**

1. 妈妈指着自己的眼睛，告诉宝宝这是妈妈的眼睛，并出示相应的"眼睛"字卡。

2. 妈妈问："宝宝的眼睛在哪里？"让宝宝用小手指眼睛，并从若干字卡中找出"眼睛"字卡。

3. 以此类推，让宝宝认识鼻子、嘴巴、手、脚、妈妈、爸爸、宝宝、奶奶、爷爷等字形。

**游戏提醒**

1. 由于宝宝注意力持续的时间不长，所以，一次游戏的时间不宜太长。
2. 字卡数量可以根据宝宝认识水平而定，可由少到多逐渐增加。

### 找朋友

**○ 游戏目的**

提高宝宝整体运动能力。这个游戏包括了蹲、走、敬礼、握手等多种动作,可以训练宝宝肢体动作的技巧和整体运动能力。集体性游戏可以让宝宝体会到和爸爸、妈妈在一起所体会不到的乐趣,树立朦胧的集体意识。

### 游戏准备
户外,几个年龄相当的小朋友。

### 游戏步骤
1. 小朋友蹲着围成一圈,由一个小朋友来找,"找呀找呀找朋友,找到一个好朋友,敬个礼,握握手,你是我的好朋友,再见"。
2. 找到后做敬礼、握手、再见动作。
3. 然后再换另一个小朋友来找。
4. 爸爸、妈妈可以加入,跟小朋友一起唱歌,一起做游戏。

### 游戏提醒
1. 妈妈要鼓励宝宝加入到同龄小朋友中去,不要因为担心磕碰或发生冲突而让宝宝自己一个人玩。
2. 开始时宝宝不知道怎样加入,可以帮助他向小朋友介绍自己,也认识一下其他小朋友。

## 自己动手吃香蕉

### 游戏目的
训练宝宝手指精细动作。鼓励宝宝自己动手,在游戏中掌握简单的生活技能,锻炼手指精细运动,体验自我服务的快乐。生活自理能力的练习,会帮助宝宝成为一个独立的人。

### 游戏准备
香蕉、纸篓。

### 游戏步骤
1. 吃水果的时间到了,妈妈拿出香蕉来,告诉宝宝想吃香蕉自己来剥皮。

2. 妈妈鼓励宝宝尝试着自己动手剥香蕉皮，剥开后妈妈要鼓励宝宝。

3. 请宝宝给妈妈剥香蕉吃，妈妈要表示感谢，亲亲宝宝的小手。妈妈要真吃，并表现出特别好吃的样子。

4. 最后，还要提醒宝宝把香蕉皮扔到纸篓里。

**游戏提醒**

1. 开始时妈妈可以帮助宝宝把香蕉打开一点，不要让宝宝感到太吃力。

2. 生活中一些简单的事可以让宝宝自己动手，逐渐培养宝宝的自我服务能力。

## 把积木放回家

**游戏目的**

提高宝宝颜色识别能力。颜色视觉的发展为宝宝认识多姿多彩的世界提供了条件，有意识地培养宝宝的视觉识别能力，有助于宝宝更好地观察事物。这个游戏采用拟人化的手法、形象的比喻，使宝宝知道任何物品都有一个家，使用后应该送物品回家，才能保持一个有序的环境，从而使宝宝养成良好的行为习惯。

**游戏准备**

红、黄、绿色的小桶各一个，红、黄、绿色的积木块若干。

**游戏步骤**

1. 妈妈和宝宝把积木倒在地板上，把红、黄、绿色的小桶摆在面前，告诉宝宝："小桶是积木宝宝的家。"

2. 妈妈说："哦，天黑了，积木宝宝该回家了，让我们把它们送回家吧。"

3．请宝宝帮忙分别把红、黄、绿色的积木放到对应的小桶里。

4．还可以把宝宝各种颜色的小袜子打乱后放在一起，让宝宝找出同一双袜子的两只，进行"配对"游戏。

### 游戏提醒

宝宝如果放错了，妈妈可以提醒宝宝再看一看，并给予适当提示。

## 抬起头来看天空

### 游戏目的

培养宝宝的空间感知能力，并开发宝宝的右脑空间想象力。

### 游戏准备

分别选择在晴朗的白天和晚上带宝宝到屋外。

### 游戏步骤

1．白天，带宝宝到屋外。问宝宝："天上有什么呀？"宝宝回答："太阳、云彩。"

2．再让宝宝观察云都像什么。宝宝一定会回答像他熟悉的东西，如小狗、汽车等。

3．晚上，带宝宝到屋外。问宝宝："天上有什么呢？"宝宝回答："月亮、星星。"家长可顺便给宝宝讲讲牛郎织女的故事，重点放在牛郎担着两个孩子找妈妈织女时两个孩子如何想念妈妈。讲完后，可观察一下宝宝的反应。

### 游戏提醒

晚上进行此训练时不宜太晚，以免影响宝宝休息。

## 第五节 21—22个月智能开发效果测评

### 21—22个月宝宝的智能测评

**1. 分清楚5个手指头和手心手背：**

A. 7处正确（12分）　　B. 5处正确（10分）

C. 4处正确（8分）　　D. 3处正确（6分）E. 2处正确（4分）

以10分为合格

**2. 说出水果名称：**

A. 6种（12分）　　B. 5种（10分）

C. 4种（8分）　　D. 3种（6分）

以10分为合格

**3. 会写数字（1、2、3）、汉字（一、二、三、八、人、大等）：**

A. 3个（12分）　　B. 2个（10分）

C. 1个（6个）　　D. 1个写得不像（4分）

以10分为合格

**4. 会把瓶中的水倒入碗内：**

A. 不洒漏（6分）　　B. 小洒漏（5分）

C. 洒一半（3分）　　　　D. 全洒（0分）

以5分为合格

5. 说出自己的姓名，妈妈的姓名，自己的小名：

A. 对三种（12分）

B. 对两种（10分）

C. 对1种（6分）

以10分为合格

6. 背儿歌：

A. 2首（12分）　　B. 1首背完整（10分）

C. 1首不完整（8分）　　D. 背押韵的字（4分）

以10分为合格。

7. 问"这是谁的鞋？"答：

A. "我的"（10分）

B、宝宝（小名）的（8分）

C. 拍自己（4分）

以10分为合格

8. 知道故事中谁是好人谁是坏人：

A. 讲对两种（12分）　　B. 讲对1种（10分）

C. 会指图中的好人和坏人（8分）　　D. 乱指（4分）

以12分为合格

9. 穿上袜子（不拉后跟），穿上鞋（不分左右）：

A. 两种（10分）　　　　　　B. 1种（5分）

C. 会拉袜子后跟（加5分）　　D. 会分清鞋的左右（又加5分）

以10分为合格

10. 会脱松紧带裤子坐便盆：
A. 及时脱下（10分）　　B. 会扒裤裆（8分）
C. 不及时脱下（6分）　　D. 叫大人帮助（4分）
以8分为合格

11. 单脚独立：
A. 3秒（6分）　　B. 2秒（5分）
C. 3步（8分）　　D. 要扶物扶人（2分）
以5分为合格

12. 用足尖走：
A. 10步（12分）　　B. 5步（10分）
C. 3步（8分）　　D. 2步（4分）
以10分为合格

○ 结果分析：

1、2题测认知能力，应得20分；

3、4题测手的灵巧，应得15分；

5、6、7题测语言能力，应得30分；

8题测社交能力，应得12分；

9、10题测自理能力，应得18分；

11、12题测运动能力，应得15分，共计可得110分，总分90—110分为正常范围，120分以上为优秀，70分以下为暂时落后。哪道题在及格以下，可先复习上月相应试题，通过后再练习本月的题。哪道题在优秀以上，可跨月练习下月同组的试题，使优点更加突出。

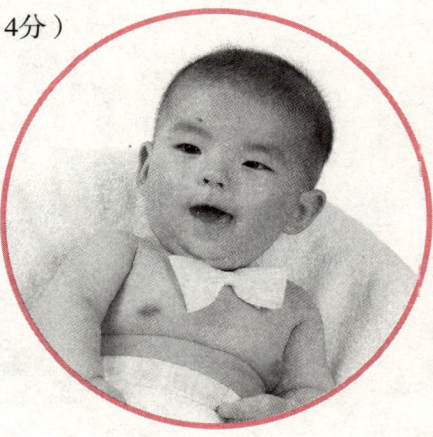

## Part 6

# 宝宝23—24个月：双脚离地跳起来

    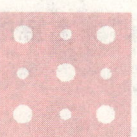

## 第一节 开发宝宝的左脑：礼貌说"谢谢"

### 训练宝宝的语言能力

**问"你"时改用"我"来回答。** 宝宝能理解代词，知道别人问"你"是问到自己，所以要用"我"来回答。如大人问："你几岁啦？"宝宝回答："我2岁。"有少数孩子仍然不懂你我的关系，会回答说："你2岁。"这种情况多见于很少同人交往的自我封闭的孩子，或语言能力不强的孩子和部分感觉统合失调的孩子。因此这个问题应当引起重视，平时可以先让宝宝认识"我"和"我的东西"，再认"妈妈的"和"你的"，"爸爸的"和"他的"。分清楚之后，第二步再学习别人问"你"时，知道是在问自己，应当用"我"来回答。

**讲述有趣的事。** 宝宝能记得有趣的事，爸爸让宝宝讲前一天去公园的事，有些宝宝能讲几句，有些宝宝能讲出几个关键的词，爸爸妈妈可以帮他连接成一句或几句话。不论宝宝说的是否完整，从关键词中可以知道宝宝确实记住所发生的事了。例如前一天一些父母带自己2岁的宝宝到动物园去看大象，会说话的宝宝可能这样说："大象用鼻子吸水，给小象洗澡，小象打个喷嚏，把水喷到天上了。"不太会说话的宝宝也许会这样说："大象，吸水，喷嚏，水，天上。"宝宝一面说一面指着自己的鼻子，自己学着打喷嚏，再从鼻子指到天上。宝宝说话如同发电报那样，把重要的词说了但连不成一句话,爸爸妈妈要帮助他把关键词组成短句,让他慢慢复述一遍。

更重要的是要鼓励他既能把前一天的事记清楚,又能说出来。千万不能同会说话的宝宝比较,因为各人都有强项和弱项,不太会说话的宝宝弱在语言,可能强在运动或别的项目上。要用理解和鼓励使暂时说话慢的宝宝渡过难关,如果爸爸妈妈用不耐烦或强迫的语调,逼着宝宝说话,宝宝心里紧张,开口不知说什么,就会多次重复一个字、一个词,时间长了会造成口吃。

会说"谢谢"。宝宝拿到别人给的东西时,要学会主动说"谢谢"。有礼貌并不是天生的,是后天学来的。有礼貌的宝宝,是随着父母有礼貌的好榜样而学到的。所以我们凡是接受别人的东西,一定要马上说"谢谢"。

爸爸妈妈让宝宝拿东西,拿来时也要道谢。这样会让宝宝习以为常,当父母给宝宝食物、玩具、用品时,宝宝也会很自然地说:"谢谢。"

有些父母只会要求宝宝这样做,自己从不做出榜样。如果宝宝不说"谢谢",父母就批评,这会引起宝宝的反感,宝宝就偏不说,爸爸妈妈着急也不管用。日久天长,宝宝就真正成为不讲礼貌、不懂得客气的孩子,成为习惯后再改就难了。

## 训练宝宝的精细动作能力

倒入水杯训练。教宝宝在脸盆里用一个杯子盛满水,然后倒入另一只完全相同的杯子里,但可以提出要求,不能让水洒到杯外去,这是一种精细动作训练中要求准确性的训练,倒来倒去,宝宝的手的掌控能力加强了。

钓鱼。市面上有不同的钓鱼玩具卖,如在鱼头部位有磁铁,用铁丝做的鱼钩碰到鱼头就能把鱼钓起的玩具。宝宝要看准鱼头,用鱼竿碰有磁铁的部位，才能把鱼钓起。因为有一段绳子，不能直接用手操作，所以除了要看准鱼之外还要善于用鱼竿。这个游戏可以锻炼孩子的手眼协调能力，同时又能培养孩子善于利用工具的能力。

杂物袋。妈妈把常用的一些小东西放入布袋里，如扣子、顶针、按扣、线轴、小剪刀、别针、皮尺、尼龙绳团、毛线团、小拉锁等。束上布袋的口，袋口留出刚可以让宝宝的一只小手伸进去的位置。妈妈干活时需要用其中一种小东西，就请宝宝伸手进去拿，宝宝只能靠手的感觉把要用的东西取出。宝宝可以用双手操作，一只手在口袋外面，另一只手在口袋里面，两手合作从布袋里摸出一个小东西来。

妈妈还有一个装布头的口袋，有绸子、棉布、呢绒、纱布、麻布、硬的衬垫、泡沫垫肩、松紧带、花边等。先让宝宝看一看每种布头的样子，摸摸它的质地和手感。放入口袋后，让宝宝凭触觉将指定的布头拿出来。

让宝宝从袋中摸取物品是为了培养宝宝手的触觉。让宝宝不用眼看，只用手摸，通过触觉能分辨物体的形状和质地，使宝宝的触觉更加灵敏。这种本领要经过多次练习才能学会。

积木搭门楼和多层金字塔。这一阶段的宝宝应学会用3块积木搭桥了，妈妈可以教宝宝在桥的两侧多放一块积木，搭成上面3块积木、下面两块积木的门楼。或者在最下面一层放3—4块积木，积木间留有一点儿空隙，再在空隙上放上2—3块积木，又在第二层积木的空隙上放上1—2块积木，搭成一个金字塔。搭门楼和搭金字塔都需要一定的技巧，作桥墩的两块积木之间留出的空隙要够大，才能顶起上面的积木。但是空隙太大，放在上面的桥顶就不稳，要做到恰到好处。2岁的宝宝需要失败几次才能搭成。妈妈可以先示范，再放手让宝宝自己玩。

宝宝搭积木锻炼了手的技巧，也同时提高了空间的构图能力，是增强孩子右脑的图像思维的游戏。

搭积木能力好的宝宝有较好的空间智能和图像能力，将来理解图形较容易，对于学习几何、物理等的学科都会觉得较容易。所以要多让宝宝搭积木，鼓励他用积木搭出新的式样。

**拧开和上紧螺旋**。家庭中有许多瓶瓶罐罐是螺口的。可以把这些瓶子腾出来，让宝宝练习怎样打开、关紧盖子。有些关得很紧的瓶子，要用布垫着才能打开。妈妈可以给宝宝一块潮湿的垫布，防止手在盖和瓶子之间打滑。妈妈做示范，让宝宝自己去尝试。宝宝学会打开螺旋瓶盖，就可以自己打开新买来的用瓶装的食物，又能学到新本领。

## 训练宝宝的数学逻辑能力

**抓花生**。篮子里有许多花生（也可用小些的水果代替花生），妈妈同宝宝比赛，看谁抓得多。妈妈故意抓得少些，让宝宝抓一大把。妈妈把两堆花生分开，妈妈拿出一颗，让宝宝也拿出一颗放在旁边，一对一排成两行，到最后看哪一排长出来，就算哪边多。妈妈可以鼓励宝宝用双手捧出一大堆来，同妈妈抓的作比较。

**排数字**。可以用塑料造的数字或数字玩具，也可以用妈妈写的字卡。把这些数字乱放在桌上，请宝宝按数字的顺序排列放好。如果宝宝不会摆，妈妈可以先教他摆1、2、3，练熟后再让他自己摆。

**摸数字游戏**。父母把塑料数字放在装有肥皂水、洗米水的盆里，让宝宝从混水里摸出爸爸妈妈要的数字。如果没有塑料的数字，可以用硬纸剪出数字，放在米桶或沙桶里，让宝宝伸手进去把父母要的数字摸出来。宝宝不用看，完全用手摸，得到的印象会很深。因为动手摸时，右脑的形象记忆起主导作用，不管数字正着放、反着放、横着放还是竖着放，宝宝都能摸出来。这种游戏能提高孩子的形象思维能力。通过玩这个游戏，宝宝在2岁时能认出10个数字。

**记住做三件事**。妈妈让宝宝连续做三件事，宝宝都能照办。例如，要洗澡了，妈妈让宝宝回房间拿换洗的内衣、拿拖鞋、拿大毛巾。有些宝宝第一次转回去拿内衣，再回房间拿拖鞋，第三次转回去拿毛巾，老老实实地跑了三趟。有些宝宝会把内衣拿出来,再把毛巾放在内衣上,另一只手提着拖鞋,一次完成。也有些宝宝要跑两次,第一次一手拿内衣,另一手拿拖鞋,东西放好后再回去拿毛巾。那些一次完成任务的宝宝经常跟着妈妈干活,学会了巧干。宝宝知道一次完成三件事就有了进步,比跑三次的会动脑筋。

### 训练宝宝的视觉空间能力

**谁在前,谁在后。** 狗熊排第一,娃娃排第二,小猫排第三。让它们都面向左方,妈妈问宝宝:"谁在前面?谁在后面?谁在中间?"如果宝宝全答对了,可以再问:"谁在娃娃的前面?谁在小猫的前面?"再问:"谁在狗熊的后面?谁在娃娃的后面?"如果宝宝都回答正确,可以请宝宝向后转身,完全不看着玩具,妈妈从头到尾再问一遍。如果答对了就往下问,答不对时可以回头看。妈妈记录宝宝一共回头看了几回。过几天可以把玩具按次序重摆,再做一次,看宝宝有没有进步。这是一种方位的练习,让宝宝先看着做,并记住娃娃摆放的次序,之后背着做,看看能否仍然记住次序,并加以想象。这种练习可以依宝宝的实际情况来做,但人与人之间存在差异,不可强求。

**到暗室找物。** 晚饭后让宝宝自己到厨房拿水果，或者让宝宝到厕所拿肥皂及其他东西。宝宝不必开灯，因为他记住了东西放在什么位置，很容易就能拿出来。有时让宝宝到卧室找东西，例如找爸爸的袜子、妈妈的手绢等，因为宝宝曾帮助妈妈收拾过晾晒的衣服，知道这些小东西放在哪里，很容易就找出来了。这是因为宝宝有空间位置记忆的缘故。经常替爸爸妈妈找东西，宝宝就记住了东西常放在什么地方，如剪刀、牙刷、蜡笔、尺子等，宝宝都能很快找到。让宝宝找东西是对其空间能力的训练。

**上下里外。** 爸爸拿来一个盒子，里面有几个小玩具，爸爸让宝宝从盒子里把玩具拿到盒子外面。爸爸把盒子盖上，再让宝宝从盒子外面把玩具拿到盒子上面。爸爸拿起盒子，让宝宝再把玩具放到盒子下面。最后打开盖子，请宝宝把玩具从盒子下面放到盒子里。

这个游戏的目的，是让宝宝分清上下和里外，通过动手操作，把这些方位的名称弄懂。

**摆家具。** 妈妈画出客厅的几件家具，用剪刀逐个剪下来，让宝宝在桌子上把画出来的家具照着家中家具的摆法摆出来。如果桌子是圆的，可以在桌下放张方形的纸做地面，正方形的每一条边为家中相应的一堵墙。让宝宝照着四周墙壁家具的位置来摆放，使宝宝对家中的客厅有印象，知道家具所摆的方位。

## 第二节 开发宝宝的右脑：剪刀、锤头、布

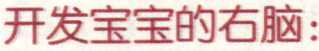

**训练宝宝的大动作能力**

**双脚跳**。大人拉着宝宝的双手，与宝宝面对面站立，大人先做一遍双脚跳起来的动作给宝宝看，然后让宝宝和自己一起跳。一开始训练时，大人最好拉着宝宝的双手让宝宝双脚跳，逐渐让宝宝拉着大人的一只手或扶着东西跳，直至宝宝能够自己跳。反复训练可以增强宝宝身体的平衡力和协调力。

**悬空**。找出一条结实的小棍，让宝宝双手握紧，爸爸拿着小棍的两端，在自己的体侧把宝宝悬空提起，向前后摆动，并让宝宝把膝部屈曲再伸直，如同荡秋千那样。

然后让宝宝在爸爸前面左右摇动，如果觉得棍子碍事，可以去掉棍子让宝宝握着爸爸的手做这种悬空运动。悬空是让宝宝只用手和胳膊的力量负重，动用膝部的力量是为了动用四肢保持全身平衡。猴子爬树也是如此，刚出生的婴儿也具备这种力量。趁孩子还小，这种力量还未完全消失时予以锻炼，将来遇到攀登高山、悬吊过河等运动项目，或遇险求生时都很有用。要注意安全，防止宝宝的手因抓不牢棍子而摔伤。

**翻跟斗**。妈妈坐在地上，双腿伸直，让宝宝站在自己的大腿上。妈妈拉着宝宝的双手，先让宝宝在自己的腿上蹦跳。

告诉宝宝跳高时使劲把腿靠近妈妈的腰部,头也使劲向后仰,妈妈也帮着宝宝使劲向后翻转,使宝宝双脚落地,完成后滚翻。这个游戏要经常练习,使宝宝渐渐学会翻跟斗。这是一个全身的锻炼项目,使头和身体的位置作360度的翻转,使全身维持平衡的功能得到更好的锻炼,是预防感觉统合失调的良好锻炼方法。让宝宝学会前滚翻和左右滚翻,可以预防坐车、船、飞机时的眩晕症。

**抛珠和接球。**宝宝现在可以练习接别人直接抛来的球。妈妈同宝宝距离近一些,妈妈抛过去的球几乎触到宝宝的胸部,宝宝双手在胸前就可接到。要用有泡沫塑料填充的软球来练习,以免宝宝的手指和身体其他部位被球碰击而受伤。宝宝接到球之后,应马上抛球给妈妈。两人的距离保持在1米之内,如果宝宝能连续几次都接到球,就可加大距离再练习。也可以边小跑边练习接球,使游戏更加有趣。

接球除了能练习手眼协调之外,还能练习身体的灵活性。因为抛来的球落点不可能完全准确,宝宝不仅要用全身的动作来适应球的落点,还要保持身体的平衡。如果一面小跑一面接球,全身的动作幅度更大,宝宝既要适应球的落点,还要保持自己的平衡,难度更大。

## 训练宝宝的适应能力

**包剪游戏。**先让宝宝理解布包锤、锤砸剪、剪破布的关系,同宝宝边玩边讨论谁输谁赢。然后让宝宝自己判断,让他学会鉴别包、剪、锤游戏中的输与赢。

**认住址。**认自己家的楼号、楼层、门牌号、街道胡同名称等,巩固宝宝记数据的本领,让宝宝记住家的楼号、单元门号、楼层和门牌号。如果家中有电话,也可让宝宝记住电话号码,学习在电话亭同妈妈打电话。这是一种十分必要而有效的安全教育,可以在3岁前后学会。

**认识周末。**让宝宝认识昨天、今天、明天和周末。宝宝知道周末因为爸爸不用去上班,全家人可以出去玩。有时可以到奶奶家或姥姥家去拜访,看看老人家过得怎么样,身体是否健康。周末有两天,妈妈说:"今天先去看奶奶,明天再去看姥姥。"宝宝想去公园玩,宝宝答应下星期再去。有时妈妈准备逛商场,也可以安排一天带宝宝出去,中午在外面吃饭。有时宝宝要求去吃冷饮,爸爸说:"昨天才吃过冰激凌,今天不能再吃了,万一拉肚子就不好了。"宝宝听明白了,就不再要求了。

宝宝经常听爸爸妈妈说话,懂得昨天、今天和明天的关系,也懂得周末是指星期六和星期日。

时间概念对于宝宝来说比较抽象,如果在日常生活中,爸爸妈妈多引导宝宝通过观察人们生活安排的改变来理解时间观念,宝宝会很容易接受。

**喂金鱼**。如果家里养了金鱼,宝宝会把面包捏碎撒到鱼缸里,看着金鱼游来取食。如果到了有金鱼的公园,宝宝也喜欢用鱼食来喂鱼。看到金鱼成群地游过来抢夺食物,宝宝会觉得十分有趣。不过要注意让宝宝站在安全的地方喂鱼,避免因为看鱼而掉入水中。除了喂鱼以外,还可以让宝宝参与喂猫、狗等宠物。让宝宝喂养动物,表示对动物的关爱,能让宝宝养成爱护大自然的优良品德。

## 训练宝宝的社交行为能力

**给宝宝做个好榜样**。父母的态度和行为对宝宝社交能力的培养也非常重要。在日常生活里,家长应该言传身教,潜移默化中,宝宝也可以学习一些待人接物、交流合作的交际技能。有了父母良好的榜样,宝宝也会依样画葫芦,也会学着用同样的态度对待他的同伴。

有的父母认为宝宝还小,没有自己的思想,事事都为宝宝拿主意、作决定,其实不然。父母一定要尊重宝宝的意见和看法,让他从小就感觉到被尊重,这样,他自然而然会学着尊重他人,而这恰恰是交朋友的前提条件。

**拉大圈。** 爸爸妈妈带宝宝参加拉大圈游戏，开始时在家里三个人拉大圈。爸爸妈妈拉着宝宝向右走，可以跟着播放的音乐走，也可以边唱儿歌边让他随着节拍走，唱完一段另起一段时向左走。如果家里来了亲戚，如：爷爷、奶奶、外公、外婆、阿姨、叔叔和他们的孩子，也可以让他们加入这个游戏。宝宝在大圈里有一种家庭的归属感，喜欢留在圈子内，成为圈子中的一员。

如果宝宝在社区里，有机会在街心公园里遇到熟人和他们的孩子，当有人提议玩拉大圈游戏时，爸爸妈妈同宝宝也可以同别人一起参加拉大圈，唱大家都会唱的儿歌，享受群体的快乐。

如果妈妈带着宝宝进入亲子园活动时，同其他宝宝和父母们拉大圈，宝宝也会愉快地参加，不会因为怕生而躲在妈妈身后的。

训练的关键在于宝宝在家里是否玩过这个游戏，如果宝宝曾经有过快乐的体会，他会愿意参加集体游戏。

如果宝宝从来没有过任何群体快乐的感受，在陌生的环境下他会逃避而躲开。因此要让宝宝进入群体，不能强迫，要循序渐进，先从家里做起，尤其应在宝宝两岁之前开始练习。

**爱干净与脏兮兮。** 有些宝宝很"爱干净"，看见别人玩沙、玩水搞得身上脏兮兮的就远远躲开，不再参与游戏。这些宝宝的妈妈总是夸耀自己的宝宝"爱干净"，以为"爱干净"是一件好事，宝宝也就越来越"爱干净"了。

如果妈妈太爱干净，会剥夺孩子玩耍和与人交往的机会。妈妈要亲自带宝宝参与玩沙和玩水的游戏。玩得身上脏兮兮的也不要紧，可以回家换洗。能与其他宝宝一起游戏本身就是一种智能，只有共同玩耍才能学会与同龄人交往，学会成为受欢迎的人。从小就远远躲开别的孩子，性格就会变得孤僻、冷漠、不受人欢迎。要时常参加群体活动才有可能合群，才能与别人友好相处。要改变孩子不好的个性首先要从妈妈做起，妈妈愿意孩子合群，自己也不要嫌脏，许多家庭的住房是新装修的，一些爸爸妈妈因为怕许多孩子到家里来弄脏了地板和家具，拒绝邻居小朋友来玩，把自己的宝宝孤立了，这样做不利于宝宝良好性格的培养。宝宝性格的培养要比客厅的设备更重要，分清两者的轻重，父母才会真正正确合理地给予宝宝关爱。

### 训练宝宝的音乐能力

能唱一首以上完整的歌。2岁的宝宝几乎都会唱歌。宝宝能把旋律唱准、节拍唱对，歌词可能有个别字唱得不清楚，可以原谅。因为宝宝说话时也会有某些音发不出来，不必急于纠正，因为有些音需要口腔进一步发育后才能发出。

父母要求宝宝唱出歌的情绪来，有表情地唱歌。唱歌是这个年龄的孩子对音乐表达的最好的形式，宝宝用唱歌来表现自己的音乐能力。不过应注意孩子的音域较窄，最好从3—4个音开始，如C调的mi，fa，sol，la，这几个音宝宝唱起来比较容易，可以把平时用C调唱的歌，变成D调，使宝宝较容易地跟着唱。

不要让宝宝唱电视上的插曲和流行歌曲，因为这些歌曲的音域较宽，宝宝唱不上去，就自己改调来唱。长久下去，宝宝唱出的音调不准，唱习惯了也就不容易改正，不如让他唱能力所及的儿童歌曲。最容易唱的儿童歌曲只有3个音，一般2—3岁的儿童歌曲只有5个音，宝宝的气息够用，也唱得舒服。千万不要让宝宝勉强学用假嗓子唱太高的音，也不可以让宝宝用过大的声音去唱歌，以免宝宝的声带受损，宝宝失去甜美的声音就太可惜了。俗语说："管不如弦，弦不如肉。"人的声音用来表达感情最感人、最细腻、最动听。让宝宝有一个好嗓子，让他准备参加分部的合唱，以进一步学会协调和合作。

记得曲调的名称。宝宝能记住他喜欢听的乐曲的曲调和名称。如有些宝宝特别爱听《梦幻曲》、《天鹅》、《鸽子》、《花之歌》、《土耳其进行曲》等。

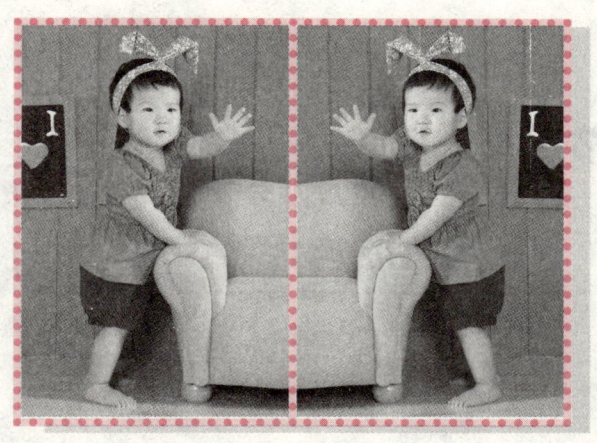

每当妈妈准备播放音乐时,宝宝会说出自己要听的曲子的名称,或者唱出第一句,让妈妈能找到宝宝爱听的乐曲。有时同一个名称作者不同的作品有不同的曲调,如舒伯特的《小夜曲》和海顿的《小夜曲》不同,如果听音乐时爸爸妈妈经常提到曲作者的名字,让宝宝了解,宝宝也会记住曲作者。有些家庭喜欢听京剧,宝宝也会知道曲子的名称,知道曲子是谁的唱腔,这是宝宝有音乐记忆的表现。

**选出最好听的音乐。**父母要经常让宝宝听音乐,有时宝宝也听爸爸、妈妈唱歌,听电视剧里的插曲。妈妈可以发现宝宝对某一段音乐最喜欢,宝宝自己也会说出或哼出某一段音乐的旋律,表示这是自己最喜欢的曲子。有些宝宝有较高的欣赏水平,喜欢一些世界名曲;另一些宝宝只喜欢一些流行歌曲或一些简单的儿童歌曲。

## 第三节 为宝宝左右脑开发提供营养:宝宝吃肉泥了

**给宝宝吃点芝麻酱**

妈妈们或许想不到,平时当成调味品的芝麻酱,对小孩子来说却是上好的食品。

芝麻酱营养丰富,所含的脂肪、维生素E、矿物质等都是儿童成长必须的,其所含蛋白质比瘦肉还高,含钙量更是仅次于虾皮。所以,经常给孩子吃点芝麻酱,对预防佝偻病以及促进骨骼、牙齿的发育大有益处。芝麻酱还含有丰富的铁,孩子6个月后,容易出现贫血,常吃点芝麻酱,就可起到预防缺铁性贫血的作用。此外,芝麻酱含有芝麻酚,其香气可起到提升食欲的作用。

因为芝麻酱是芝麻制成的泥糊状食品,因此当宝宝六七个月大添加辅食后就可以吃了。可将其加水稀释,调成糊状后拌入米粉、面条或粥中。1岁以后,可用芝麻酱代替果酱,涂抹在面包或馒头上,还可以制成麻酱花卷、麻酱拌菜等。

吃芝麻酱,要控制好量,小孩子一般一天吃10克左右,约为家用汤匙的1勺左右。此外,宝宝腹泻时,暂时不要吃,因为芝麻酱含大量脂肪,有润肠通便作用,吃后会加重腹泻。

妈妈们买芝麻酱时,应尽量避免选瓶内有太多浮油的,会相对比较新鲜。买回的芝麻酱要放在避光处保存。

### 乱补营养有害无益

宝宝正常生长发育所需要的营养素有七大类：蛋白质、脂肪、糖、矿物质、维生素、水和纤维素。这些东西缺一不可，少了谁都会出问题，比如缺少脂肪会影响脑子和视力的发育，缺了维生素D会妨碍钙的吸收造成佝偻病等等。但是物极必反，好东西吃多了就会产生坏作用，比如钙补多了容易形成结石，也可能导致囟门过早闭合，维生素A补多了会产生中毒症状等等，一般来说，从食物当中获取营养，造成问题的可能性小得多，而用各种高浓度的营养制剂却大大增加了失衡营养的危险性。

专家指出，营养靠吃不靠补。要给孩子提供多种多样的食物，从各种食物的搭配组合中调整营养的均衡，这是科学喂养的根本。只有在特殊情况下，食物中暂时供给不足才可以用少量的营养剂作为补充，而且每种营养剂补多少，要根据每个孩子的具体情况综合分析，家长切忌本末倒置，随意给孩子进补。吃不仅仅可以获得营养，对宝宝来说，它本身就是一种能力，孩子天生就会吸吮，但是咀嚼、吞咽等都需要后来的学习，他们需要不断地提高吃的本领，以应付生存和发展的挑战。

家长是孩子的抚养人，绝对不要做饲养员，乱补营养会扰乱宝宝进食的规律，破坏宝宝的选择能力，长期下去很容易造成营养失衡，有害无益。

### 控制盐的摄入量

宝宝的口味与家长有关，家长的口味重，宝宝饮食中的盐含量也会增多。家长在给宝宝准备膳食时，一定要注意减少盐的成分。南方人喜欢吃梅干菜、咸鱼和腊肉等，这些食物含钠量普遍高，宝宝应该尽量避免。此外，豆瓣酱、辣酱、榨菜、酸泡菜、酱黄瓜、黄酱、大酱、腐乳、咸鸭蛋等也应该尽量避免给宝宝食用。

宝宝夏季出汗较多，或宝宝出现腹泻、呕吐时，宝宝的盐摄入量可比平时增加一些。平时的话，家长都应该给宝宝多吃些清淡的食物。

### 给宝宝吃水果要适度

水果多性寒、凉，而中医认为，宝宝脾胃虚弱，消化功能差，多食水果易加重脾胃的负担，致使饮食失节，脾胃功能紊乱。水果并不是像父母想象中的那样什么都好。

一些水果如杏子、李子、梅子、草莓中所含的草酸、安息香酸、金鸡钠酸等，在体内不易被氧化分解掉，经新陈代谢后所形成的产物仍是酸性，这就很容易导致人体内酸碱度失去平衡，吃得过多还可能中毒。

一些水果可致水果病，如橘子性热燥，吃多了可"上火"，令人口干舌燥，过食会使人的皮肤与小便发黄及便秘等；柿子则会令人得"柿石症"，症状为腹痛、腹胀、呕吐等；还有荔枝，因其好吃，极易多吃，则导致四肢冰凉、多汗、无力、心动过速等；宝宝爱吃的菠萝，多食则令身体发生过敏反应，出现头晕、腹痛，甚至产生休克。

一些水果还易引起水果尿病。水果吃多了，大量糖分不能全部被人体吸收利用，而是在肾脏里与尿液混合，使尿液中糖分大大增加，长此以往，肾脏极易发生病变。

因此，宝宝虽可以食用水果，但要有节制。

## 第四节 适合宝宝左右脑开发的游戏：小风车，转转转

### 树叶作画

**游戏目的**

提高宝宝协调能力。手的动作能力不仅是促进大脑发育的途径，更是宝宝日后独立生活的行为基础，这个游戏可以训练宝宝双手配合协调动作的能力，提高手部运动的随意性和准确性。锻炼宝宝对构图、线条、色彩的敏感性，有助于宝宝创造性思维和想象力的发展，从而培养较高的艺术鉴赏力。

**游戏准备**

树叶、糨糊、纸张。

**游戏步骤**

1. 爸爸、妈妈带宝宝去户外捡拾树叶，一边捡一边和宝宝一起欣赏树叶的色彩和形状。

2. 把树叶装到袋子里带回家。

3. 妈妈在纸上画一个大树干，和宝宝一起来给树干贴上树叶。

4. 妈妈教宝宝用大拇指和食指合作，将大树叶撕成许多小树叶，然后用拇指和食指将小树叶一张一张地蘸上糨糊，贴在树干上。

5. 把多余的糨糊用抹布擦干。

6. 让宝宝挑出一些好看的树叶，把它压在镜框里，就成了一个很好的装饰品，把它当作宝宝送给爸爸、妈妈生日的礼物也不错哦！

**游戏提醒**

宝宝掌握了树叶画的制作方法后，可以让他自己创意，随意拼贴，妈妈不要限制过多，以免挫伤宝宝的积极性。

## 去动物园

**游戏目的**

训练宝宝连续讲述一个事情的能力，培养宝宝的语言连贯性，从而提高其左脑语言能力。

**游戏准备**

父母可以先让宝宝干一件事情或去一个地方，如周末带宝宝去动物园等。

**游戏步骤**

1. 当宝宝回到家后，父母可以启发宝宝做较完整的讲述。
2. 比如什么时候，和谁去哪里，都看见了什么，等等。
3. 可以反复两三次。

**游戏提醒**

对接触过的实景与实物的讲述，可有效促进宝宝的语言能力发展。

## 分类和接龙

**游戏目的**

提高宝宝手眼配合能力。这个游戏通过训练宝宝对颜色、图形、数字的识别和分类能力，锻炼了宝宝手眼配合的能力，促进宝宝整体动作的进一步发展。分类是宝宝学习数学的重要内容，分类活动体现了宝宝的概括能力，是逻辑思维发展的一个重要标志。为宝宝数学智能的发展奠定了良好基础。

**游戏准备**

一副扑克牌。

**游戏步骤**

1. 妈妈把扑克牌打开，给宝宝演示分类方法。按颜色可分为红、黑两色；按花色可分为红心、方块、黑桃、梅花四类。

2. 妈妈找出一张红（黑）色的纸牌，让宝宝把其余红（黑）色的纸牌找出来和它放在一起。

3. 妈妈分别找出红心、方块、黑桃、梅花四张纸牌，让宝宝去找同样花色的纸牌。

4. 教宝宝把同样花色的纸牌按照从1—10的顺序排好。

**游戏提醒**

宝宝的耐心和注意力有限，开始时不要期望宝宝能把所有的类别都分出来，只要让宝宝懂得游戏规则，找到规律即可，可以分几次玩。

## 勇敢的小伞兵

**游戏目的**

提高宝宝跳跃能力。跳跃运动对骨骼、肌肉、肺及血液循环系统都是一种很好的锻炼，可以使宝宝长得更高、更壮、更健康。这种运动对淋巴系统也很有益，能够增强宝宝的免疫力。宝宝这个时候可以独自行走、独立完成跳跃等有难度的动作，自我意识大大提高，逐渐对自己建立起自信心。

### 游戏准备

较大的游戏空间，室内和室外均可。

### 游戏步骤

1. 将被子叠成10厘米左右的高度，让宝宝站到上面双脚往下跳。
2. 在户外，找一个有小台阶的地方，让宝宝从台阶上跳下来。
3. 根据宝宝运动发展的情况，适当增加台阶的高度。

### 游戏提醒

1. 游戏的第一步最好在家中进行，因为直接在较硬的地上跳跃，宝宝的膝盖和腿部可能会受伤。先让宝宝在室内练习，有利于提高宝宝的胆量和跳的技巧。
2. 户外台阶高度要以宝宝的跳跃能力而定，爸爸、妈妈要不断鼓励宝宝，增强宝宝的自信心。

## 学会穿裤子

### 游戏目的

生活技能培养。通过游戏的方式，让宝宝学会穿裤子的方法，锻炼了宝宝四肢灵活性和整体动作的协调性，提高宝宝生活自理能力。适时地让宝宝做一些力所能及的事情，有助于帮助他们树立自信心和培养自立精神，推动综合智能的提升。

### 游戏准备

宝宝的裤子一条。

### 游戏步骤

1. 妈妈给宝宝穿裤子，先穿一条裤腿，说："火车进山洞啦。"
2. 再穿另一条，说："哎呀呀，我迟到啦。"
3. 也可以把两条腿穿进一条裤腿中，说："哎呀呀，撞车啦。"赶忙抽回一条腿，穿进另一条裤腿中。

● 游戏提醒

在教导宝宝学习基本生活自理能力时，应耐心地做清楚而明确的示范，不要心急。

## 糖和盐去哪儿了

● 游戏目的

获得知识经验。通过让宝宝观察不同材料放进水里的变化，使宝宝懂得什么是溶化，帮助宝宝对事物有一个初步认识。丰富的知识经验能促进观察能力的发展，提高观察力水平。

● 游戏准备

三个透明的玻璃杯，三张写有沙子、糖、盐的纸签，沙子、糖、盐各少许。

● 游戏步骤

1. 把三个透明玻璃杯分别装上水，外面分别贴上"沙子"、"糖"、"盐"的纸签。

2. 把沙子、糖、盐依次倒入杯中。动作慢一点，量要足，以便让宝宝看到糖和盐逐渐溶化的过程。

3. 对比沙子，让宝宝知道，有些东西是不能溶于水的。

4. 还可以让宝宝尝一尝糖和盐的味道，把杯子上的纸签撕下来，让宝宝根据味道来选择对应的纸签。

● 游戏提醒

游戏时，宝宝的小手会沾上糖、盐、沙子，叮嘱宝宝不要用手揉眼睛，游戏结束后要立即洗手。

### 跳房子

#### 游戏目的
这个游戏能够锻炼宝宝腿部力量，增强身体灵活性，使其体质得到锻炼。运动还能促进脑中多种神经递质活力，使大脑思维反应更为活跃、敏捷，并通过提高心脑功能，加快血液循环，使大脑享受到更多的氧气和养分，从而起到提升智力的作用。

#### 游戏准备
户外较大的游戏空间，一支粉笔。

#### 游戏步骤
1. 爸爸在户外水泥地上画三个房子，一个是圆形，里面写"宝宝"，一个是正方形，里面写"妈妈"，一个是三角形，里面写"爸爸"。

2. 教宝宝认识形状和字，爸爸给指令，宝宝往相应形状的房子里跳。

3. 擦掉房子里面的字，让宝宝凭记忆，按照爸爸的指令跳。妈妈和宝宝比赛（单脚、双脚跳），看谁跳得对，跳得快。

4. 也可以在"房子"里面写上数字，让宝宝认识这些数字，并根据妈妈的指令来跳。

#### 游戏提醒
1. 宝宝开始可能跳不到位，要多多鼓励宝宝。

2. 若宝宝单脚跳跃能力还不够，可先练习双脚跳。

### 闻一闻，嗅一嗅

◎ 游戏目的

嗅觉刺激训练。宝宝的嗅觉发育与视觉、听觉、味觉、触觉等统合感觉的发育同样重要，感觉统合影响着宝宝的身体和心理发育，因此，适当的刺激将有助于宝宝身心健康的发展。通过对好和坏空气的比较，使宝宝认识到污浊的空气对人类是不好的，在适当的知识引导下，树立起朦胧的保护环境的意识。

◎ 游戏准备

雨后或晴朗的天气，户外。

◎ 游戏步骤

1. 带宝宝到户外，有意识地让宝宝体验不同的空气。
2. 在车辆拥挤的大街上，让宝宝说说这里的空气是什么味道。
3. 在花草树木繁茂的公园，让宝宝深呼吸，说说这里的空气是什么味道。
4. 告诉宝宝："污浊的空气对人身体不好，所以，要保护树木和小草。"给宝宝讲述一些环保方面的知识。

**游戏提醒**

爸爸、妈妈可随时随地对宝宝进行爱护环境的教育，使宝宝从小树立爱护环境、保护环境的意识。

### 小风车，转转转

◎ 游戏目的

提高宝宝感知自然的能力。风是无形的，通过风车转动让宝宝感知风的形态和力量，丰富自身对自然现象的感受，有效促进其自然感知智能的发展。大自然的神奇特别容易吸引宝宝的注意力，激发他们的好奇心，从而表现出极大的探索欲，激发学习的潜能。

### 游戏准备

一张硬卡纸、胶水、图钉或大头针、筷子。

### 游戏步骤

1. 把正方形的卡纸分别对角折好。
2. 用剪刀沿着对角线剪至2/3处。
3. 将四个角折至中心，并用胶水固定，用图钉或大头针把风车固定在筷子或小木棍上。
4. 让宝宝拿着风车摆动、跑动，看看什么时候风车才会转。
5. 让宝宝说一下风在哪儿。
6. 还可以用彩纸做成三角形和长方形的旗子，固定在筷子或小木棍上，让宝宝感知风吹动的方向。

### 游戏提醒

刮风的时候带宝宝出门，看看被风吹动的树叶、白云，听听树叶摇动的声音，感觉风吹在脸上的滋味，闻闻风吹来的味道。让宝宝说出自己的感受。

## 听爸爸妈妈讲故事

### 游戏目的

通过故事接龙的训练，可以强化宝宝的聆听与说话能力，同时给宝宝思考与表达的机会，可以充分启发宝宝的语言智能，从而促进宝宝的左脑发育。

### 游戏准备

儿童故事画册，轻松的心情。

### 游戏步骤

1. 爸爸、妈妈先选一两本经常阅读的画册，试着引导宝宝进行故事接龙的训练，它可以给宝宝更多语文方面的锻炼。

2. 如果宝宝不曾进行过这样的训练，爸爸、妈妈可以先起个头说："从前有一位老爷爷，他住在……"然后请宝宝接叙故事的内容。不论是自创的故事还是耳熟能详的童话，在故事大接龙的训练中，你一定会为宝宝的想象力及创造力感到惊讶。

### 游戏提醒

如果宝宝不知道该如何开始，家长可以多给予一些提问及引导，让宝宝试着更完整地表达自己的想法。

## 音乐之声

### 游戏目的

让宝宝用耳朵听、用手敲打，认识不同材料的不同音色，从而发展宝宝的左脑。

### 游戏准备

塑料罐、玻璃罐、铁罐若干个，大纸箱一个，任何可以敲打的棒子。

### 游戏步骤

1. 爸爸、妈妈敲打三种不同的罐子，让宝宝用耳朵仔细听听罐子所发出来的声音，然后请宝宝闭上眼睛听，猜一猜是哪一个罐子的声音。

2. 让宝宝站在中间，然后爸爸、妈妈从远处敲打其中一个罐子，让宝宝闭上眼睛指出声音的方向。

3. 让宝宝用棒子敲打任何东西，包括门、窗、桌子等，了解各种音色的不同。

4. 将各种瓶瓶罐罐及大纸箱当成乐器，配上音乐，请宝宝来一场即兴的演奏。

> **游戏提醒**

1. 不要让宝宝敲打易碎物品，避免宝宝受伤。
2. 要适时给予宝宝赞美，让宝宝更乐意尝试。

## 动物宝宝吃饭了

◌ 游戏目的

学习能力培养。识字是早期教育的一个方面，但识字并不是目的，真正目的是使宝宝获得愉悦的学习体验，并从中得到一些学习经验。让宝宝了解日常生活中小动物常吃的食物，通过图画和汉字的一一对应，培养宝宝对应事物的能力，提高其逻辑思维能力。

◌ 游戏准备

小猫、小狗、小兔子、鱼、肉骨头、胡萝卜图片和相应字卡各一张。

◌ 游戏步骤

1. 妈妈出示小动物图片，让宝宝说出它们的名称，把字卡和小动物图片放在一起。
2. 妈妈说："开饭了，请给动物宝宝摆上它们最喜欢吃的东西吧!"
3. 妈妈拿出小猫的图片和字卡，让宝宝找出"鱼"的图片和字卡。
4. 依此类推。

> **游戏提醒**

宝宝对图片的记忆能力高于对文字的记忆能力，请给宝宝多一点时间和适当提示让他找到对应的字卡，妈妈不要催促和责备。

## 第五节 23—24个月智能开发效果测评

### 23—24个月宝宝的智能测评

1. 背数到：
   A. 30（8分）　　B. 20（7分）
   C. 15（6分）　　D. 10（5分）　　E. 5（4分）

2. 点数到：
   A. 10（10分）　　B. 7（7分）
   C. 5（6分）　　D. （5分）　　E. 2（4分）

（二项相加算总分，背数往上每加10递增1分，点数往上每加1递增1分）

以10分为合格

3. 说出图书或图画中人物的职业和称呼：
   A. 4人（12分）　　B. 3人（9分）
   C. 2人（6分）　　D. 1人（3分）（5种以上每人递增2分）

以9分为合格

4. 用颜色形容常用的东西：

A．4种（12分）　　B．3种（10分）

C．2种（7分）　　D．1种（4分）（5种以上每种递增3分）

以10分为合格

5. 学画：

A．模仿画圆形（封口曲线）（10分）

B．开口曲线（6分）

C．横线（6分）

D．竖线（4分）

（画由圆形衍变的图画如太阳、苹果、梨等，每个2分）

以10分为合格

6. 按顺序套入套盒内：

A．8个（8分）　　B．6个（6分）

C．4个（4分）　　D．2个（2分）（倒扣砌塔，每个另加1分）

以8分为合格

7. 在布巾下放形块，用手在布上摸清如圆形、正方形、三角形、长方形及其他形块：

A．4个（12分）　　B．3个（9分）

C．2个（6分）　　D．1个（3分）（4个以上每个增加3分）

以9分为合格

8. 说清楚大人姓名（父母、爷、奶、姨、叔等）：

A．4人（14分）　　B．3个（12分）

C．2人（10分）　　D．1人（5分）（每个递增3分）

以10分为合格

9. 会唱一首歌：

A. 大致会唱，可以辨认是什么歌（10分）

B. 不能辨认是什么歌（5分）

C. 不会唱（0分）

以10分为合格

10. 喜欢躲藏让人寻找（门后、柜子后、桌下、床下等）：

A. 3处不同地方（8分）

B. 2处不同地方（6分）

C. 总是一个地方（4分）

以6分为合格

11. 会用小勺：

A. 完全自己吃干净（8分）

B. 吃去大半（6分）

C. 吃去一半（4分）

D. 要人喂（0分）（会用筷子加5分）

以8分为合格

12. 上楼梯：

A. 自己扶栏双脚交替（10分）

B. 双脚踏一台阶（8分）

C. 大人牵上楼梯（5分）

D. 抱上楼梯（0分）

（自己扶栏双脚踏一台阶下楼梯加3分）

以10分为合格

13. 学跳：

A．自己双脚离地跳（12分）

B．大人牵双手从最后一级台阶跳下（10分）

C．不离地跳（6分）

以10分为合格

## 结果分析

1、2、3题测认知能力，应得29分；

4、5、6题测手的技巧，应得27分；

7、8题测语言能力，应得20分；

9题测社交能力，应得6分；

10题则自理能力，应得8分；

11、12题测运动能力，应得20分。共计可得110分，90—110分是正常范围，120分以上为优秀，70分以下为暂时落后。哪道题在及格以下，可先复习上月相应试题，通过后再练习本月的题。哪道题在优秀以上，可跨月练习下月同组的试题，使优点更加突出。

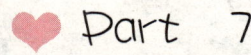 Part 7

## 宝宝25—27个月：带着想象看图画书

## 第一节 开发宝宝的左脑："我叫×××"

**训练宝宝的语言能力**

*自我介绍*。这一阶段的宝宝能向老师介绍自己的姓名、年龄、性别，父母的姓名和家庭详细住址（包括街区、胡同、门牌号或楼号）、家庭电话号码或父母的手机号码。宝宝能记住这么多信息并非一日之功，2岁的宝宝基本上能说出自己的姓名、年龄、性别和父母的姓名。平时带宝宝上街，走出楼门时，让宝宝看看是第几门，走到楼号前让宝宝记住是几号楼。有些小区有名字，也可让宝宝记住。走出胡同口，让宝宝记一记胡同的名称，再走到大街上时也应让宝宝记住街道的名称。

妈妈可以把这些要记住的内容，在4周内让宝宝记住。第一周先记家门、楼门和楼号；第二周记小区和胡同名称；第三周记街道名称，并把以前的都复习几遍；最后一周学记电话号码。

父母教宝宝作自我介绍是一种安全教育，宝宝到2岁之后经常外出，他已有一定的主见，会对某些感兴趣的事流连忘返，父母稍不留神就找不到宝宝。如果他学会了自我介绍，能让别人更容易帮助宝宝与父母联系。宝宝能记住的项目越多，就越容易得到帮助。经过分段记忆，宝宝能记住大量信息。

*出现较长的句子*。宝宝说的话中，出现了主要的名词、动词和形容

词。例如:"我要吃红苹果"、"给我拿会叫的娃娃"等。宝宝传话比以前清楚了,如"爸爸说不回来吃晚饭了"、"奶奶不喜欢吃香菜"等。宝宝会告诉爸爸:"今天弟弟来过,把我的小车拿走了。"爸爸可以进一步问:"谁同弟弟一起来的?你们到哪里去玩了?"等等,让宝宝多同父母说话,以促进宝宝语言能力的发展。

**词饥**。宝宝成天问这问那,总是缠着爸爸妈妈,一会儿问:"这是什么?那是什么?"再问:"里头有什么?它为什么转?这有什么用?"宝宝到处发现问题,希望父母回答。妈妈本来很愿意回答问题,但是宝宝不停地问,有时实在被问烦了,就说他几句。父母要正确对待宝宝"词饥"的时期,在此期间宝宝最容易学会而且记住词汇。爸爸妈妈要尽可能多地回答宝宝的提问,使他能尽最大努力去掌握事物的特点,以开发宝宝的潜能。

**"给"**。两岁的宝宝用得较多的动词是"给","给"字在1岁半时用得很简单,如爸爸说"把电话拿给我",宝宝就明白了爸爸的意思,将电话递给爸爸。到2岁时"给"字就用得复杂些,如"拿一个给我呀"、"奶奶蒸包子给我吃"两句中,"给"是作动词用。"你打我,我就给妈妈说"一句中"给"不是直接给东西,而是"对"的意思,有了介词的用法。

据专家研究,2岁宝宝说的话以6—10个字为多,没有超过16个字的句子。句子的长度随年龄增长而增加,5—6岁的宝宝才能说有16—20个字的长句。句子的结构,开头是单词句,以名词为主,后来为双词句,有主语和谓语,再后来加上宾语。2岁的宝宝讲话已带形容词,有时是简单的,有时是复杂的,所以句子较长。宝宝在2—3岁一年中进步会很大,由说不太容易听懂的句子发展到能说意思表达得十分明白的句子,多与宝宝交谈能够加快宝宝语言的发展。

**答反义词**。宝宝知道许多反义词,如父母说"上",宝宝能对"下"。宝宝知道"大"对"小","长"对"短","高"对"矮","胖"对"瘦","冷"对"热","快"对"慢","轻"对"重","白"对"黑","软"对"硬"等。这些词是宝宝平时看到和听到的,有时父母觉得奇怪,自己并没有教过宝宝,不知道宝宝从哪里学来的。由于宝宝爱问,他知道一个词后总想知道它的反意是什么,而知道了它的反意,才能正确理解这个词。宝宝总会想方设法问到一个词的反义词,以便记忆。宝宝在脑子里不断地把这些词排列、归纳、比较,他对事物的认识也就加深了。

### 训练宝宝的精细动作能力

教宝宝使用筷子。宝宝学会用勺子自己吃饭后,就可以学习拿起筷子同爸爸妈妈一起吃饭。刚学拿筷子有点儿困难,多数宝宝像拿棍子一样,两根筷子分不开,只会扒饭入口,不会夹菜。个别的宝宝能把筷子分开,并能夹起菜来十分顺利地把菜放入口中。早期上桌子吃饭的宝宝,较早会用筷子,能随意夹菜。平时可同宝宝做夹枣的游戏。把大枣撒在桌子上,让宝宝用筷子把大枣夹到碗中。妈妈同宝宝一起练习,让宝宝用拇指、食指、中指拿前面的一根筷子,用无名指、小拇指固定后面的一根筷子。前面的一根筷子做活动,后面的一根做对应,就能把细小的东西夹住。用大枣做练习有许多好处,大枣表面有皱不易滑脱,便于宝宝练习用筷子。

用筷子需要做的动作比用刀叉和勺子精细得多,动用的神经细胞数目更多,对智力和语言的发展都有促进作用。

教宝宝解扣子。给宝宝穿上外套,扣上一颗大纽扣。对宝宝说:"宝宝,解开扣子。"如果宝宝做不到,妈妈可以手把手教他怎么解扣子。开始的时候,练习解开胸前能看得见的大扣子,熟练之后再试着去解小扣子。宝宝2岁—2岁半时,应当经常让宝宝自己早上学习穿衣系扣,晚上洗澡前自己解扣,大人不应剥夺宝宝自己学习的机会。

### 训练宝宝的数学逻辑能力

**跳皮筋学进位。**大孩子们跳皮筋时,小宝宝们在旁边看并跟着数数:一五六,一五七,一八一九二十一,二五六,二五七,二八二九三十一,三五六,三五七,三八三九四十一,四五六,四五七,四八四九五十一,五五六,五五七,五八五九六十一。

六五六,六五七,六八六九七十一,七五六,七五七,七八七九八十一,八五六,八五七,八八八九九十一,九五六,九五七,九八九九一百一。

2岁的宝宝可以跟着大孩子们背诵,如同背儿歌那样,等到他们自己数数时就容易学会9—10的进位。特别是19—20,29—30,39—40,49—50容易学会,如果能正确进位,不少宝宝能数到50以上。

**数字接龙。**为宝宝准备1—5的数字卡片,教他用数字接龙,按1—5的顺序一个一个接下去。例如:2接1,3接2,4接3,5接4,让宝宝在桌上摆出一条长龙,使他有成就感。宝宝在摆数时有必要把数字念出声音来。

**比哪一盒积木多。**宝宝原来有一盒方积木,爸爸又买来一盒建筑积木,建筑积木的盒子比方积木的盒子大。爸爸问宝宝:"你猜哪一盒积木多?"宝宝知道应该用一比一排队的方法来进行比较,他马上把两个盒子里的积木倒出来,逐个排队,结果大盒子里的积木反而不如方盒子里的积木多。因为建筑积木每一个都又长又大,占了较大的空间,所以大盒子盛不了多少块积木。

**走3步跳1跳。**爸爸同宝宝到院子里去玩,两人都要走3步跳1跳。先由爸爸数数,跳过之后由宝宝数数,两人交替,一人说:"1,2,3,跳。"另一人说:"4,5,6,跳。"因为爸爸的步子大,跳得远,所以后来只好等一等宝宝。宝宝如果接错数,爸爸要及时纠正。有些宝宝只会数到20或30,爸爸帮一帮宝宝就可以多数些。往回跳时,宝宝可以从头数起,前面的数数得比较熟练,可以走得快些,后面的数数得不熟练,可以走慢些,爸爸陪同宝宝一面数数一面走，结果与爸爸一同回到起点。这种又走又跳又数数的方法，比单纯数数有趣，适合宝宝爱动的特点。爸爸同宝宝一起数，便于领着宝宝往上数，能克服宝宝数不上去的困难。

**训练宝宝的视觉空间能力**

**比高矮。** 过去父母给两个宝宝比较高矮的方法是让他们背靠背，在他们头上放一本书，书翘起来那边的人就高一些。现在可以用量尺测量的办法比高矮。宝宝脱了鞋，脚跟、身体和头部都贴着墙，用一本书放在宝宝的头顶上，在书的下面画上线，妈妈蹲下，让量尺的一头与地面齐平，另一头与画线处齐平，量出高度。将几个宝宝都用同样方法比出高度来，就可看出谁最高、谁最矮。可以在最高和最矮之间，用小尺量出差别为几厘米，谁与谁之间的差别也就可以量出来了。

目前宝宝还不会看量尺，爸爸可以帮忙。宝宝也并不在意量出的高度是多少，宝宝只要看出差别的长度来，自己用手来比一比就很满意了。大家都用同一个方法来量，就能量出差别。宝宝懂得量的方法，就有收获。

**喜欢美观的图画书。** 宝宝1岁时，特别喜欢写实的图画，无论动物、植物、食物、生活用品等都喜欢写实的图画。2岁以后，宝宝的想象力比以前丰富，喜欢看一些拟人的动物故事插图。

动物们都穿上衣服，都跟人一样会说话、有感情。连大树也会说话、会用树枝做动作。小草、小花也同人一样要吃饭、要上床睡觉。星星会眨眼，月亮里住着小兔子。太阳公公会笑也会哭，会大发雷霆又闪电又打雷，一连哭了半个月才出来笑一笑。所以给2岁以上的宝宝买图书时，要考虑到宝宝的想象力发展的问题，选购美观的图画故事书，才能符合该年龄阶段的宝宝的需要。

**会分左右。** 宝宝学用筷子后，如果妈妈问："哪只手拿筷子？"宝宝会举起拿筷子的右手回答。个别宝宝用左手拿筷子，他会举起左手，并说:"人家说我是'左撇子'。"这时妈妈可以说"多数人用右手拿筷子,也有的人用左手拿筷子",然后再说"把右手举起来,用右手摸右眼睛,用右手摸右耳朵,用右手摸左膝盖,用左手摸右肩膀,用左手摸左眼睛"等。如果妈妈同宝宝同时做,妈妈应背对宝宝,站在宝宝前面做,使两人方向相同。在家里两人可同时对着大镜子来做,让宝宝看着镜子,二人在相同的方向,易于宝宝学习。

摸鼻子。先让宝宝摸妈妈的鼻子,然后用手绢蒙住宝宝的眼睛,让宝宝再来摸妈妈的鼻子。妈妈可以提示宝宝先摸到椅子,再往中间向上就可以摸着妈妈的鼻子了。如果宝宝真的摸到了,可以让宝宝后退3步再蒙着眼睛向前走3步,摸妈妈的鼻子。

这个游戏是训练宝宝的方位感和本体感觉的共同协作,是家庭中很容易做的游戏。准备游戏前最好把一些多余的家具搬开,以免宝宝蒙眼向前走时碰上。父母坐的位置要固定,不能移动,因为宝宝靠记忆决定方位和高度。能够蒙眼摸到鼻子的宝宝,有较好的方位感。

画山和水。爸爸找出一幅很简单的山水画,先让宝宝看看,然后把画收起来。爸爸拿蜡笔在纸上画一个钝角,说是大山,让宝宝在旁边画几个角,都算作山。爸爸在山下画几条线,略微有些弯曲,说是水,也让宝宝跟着画几条轻轻的线,方向相同,像水流一样。再给宝宝一张纸,让宝宝自己画山,山下面画水,看宝宝画的是否有点儿像。

## 第二节 开发宝宝的右脑：在游戏中让宝宝跑起来

**训练宝宝的大动作能力**

**坐跷跷板。**父母让宝宝与同龄儿童各坐跷跷板的一头，并扶着把手，落地一方的宝宝用脚蹬地面，跷跷板会上升，对方会下降。下降方的宝宝再蹬地面，又使跷跷板上升。两个宝宝一升一降，二人不停地适应高度的变化，从而使宝宝的前庭系统得到锻炼。有些跷跷板有旋转的功能，如果宝宝用脚蹬地面时身体向一侧使劲，跷跷板会向一侧转动而上升；对方降下时也用脚向同方向用力一蹬，跷跷板一面升降，一面转动，这让宝宝的前庭受锻炼的范围增大。2岁的宝宝只能用长1.25米以内的跷跷板，其平放时宝宝能坐得上去，跷跷板达到最高处时父母也能够得着抱宝宝。但是如果宝宝害怕，父母要把宝宝抱下来时，不能在宝宝达到高处时突然将宝宝抱下来，否则对面的宝宝突然下降，木板会压伤他的腿脚。父母应把跷跷板扶平，让两个宝宝同时下来，才能保证安全。

**短跑。**爸爸带着宝宝在户外练习短跑，从一棵树跑到另一棵树，或从一栋楼跑到另一栋楼。距离不能太长。爸爸可以在前面跑，也可以在后面追。到达目的地以后可以让宝宝走回来，然后略为休息。每天要让宝宝有短暂的跑和走的交替运动，可以在小区的院子内、街心公园内或其他安全的地方运动，不宜在有车行驶的马路上练习。

短跑是全身运动，能使孩子身体各部分相互协调，既保持平衡，又能使全身动作灵活。经常跑步的宝宝容易长高，因为在跑步时，四肢血液循环通畅，血液中的钙和磷容易沉积在骨骼中。反之，经常不运动的宝宝，血液中的钙和磷进入骨骼的少，随着血液从肾脏排出的多，对身高增长不利。

同爸爸一起荡秋千。让宝宝坐在爸爸腿上，双手扶着绳子，二人坐在秋千上晃动，让宝宝感受荡秋千的乐趣。宝宝习惯后，试试让宝宝扶着绳子坐在秋千上，爸爸轻轻推动宝宝。如果宝宝害怕，可以让爸爸抱着宝宝再练习荡秋千。如果同时有几个孩子在玩，有些大哥哥能站在秋千上自己用力使秋千荡得很高，可以让宝宝观察他们的玩法。不过宝宝开始不宜站着，应先学自己坐稳，父母帮助推动秋千，到长大以后再练习自己站着操纵秋千。

秋千是帮助宝宝适应高空平衡的良好练习工具之一。宝宝在向高处晃动时，心情愉快，有一种飞翔的感觉，因此孩子们喜欢玩秋千。

如果院子里有一棵大树，就可以用绳子自己吊一个秋千。小的宝宝坐的空间应大些，如用旧的轮胎吊上四根绳子，让宝宝坐在轮胎内晃动，比两条绳子的秋千更安全。习惯了在高空晃动，再改成两条绳子的秋千，宝宝就较容易自己调整身体平衡了。

训练宝宝上高处够取物品。将玩具放在高处，在家长的监护下，看宝宝是否学会先爬上椅子，再爬上桌子站在高处将玩具取下。让宝宝学会四肢协调，身体灵巧。训练前，家长要先检查桌子和椅子是否安放牢靠，并在一旁监护不让宝宝摔下来。学会了上高处够取物品之后，家长要注意，洗涤剂、化妆品、药品等凡是有可能让宝宝够取下来误吞误服的东西，都应锁入柜子内，不能让宝宝自己取用。当宝宝能取到玩具时应即时表扬，"瞧我们宝宝多棒！真能干"。

练习踢球。用凳子搭个球门，先示范将球踢进球门，然后让宝宝试踢进去。宝宝踢球进门，父母要及时给予鼓励。

### 训练宝宝的适应能力

**自己洗手。** 先把手冲湿，打上肥皂，然后把手心、手背先洗净，再把手指缝和手指甲都洗洗，再冲净。妈妈检查一遍，如发现宝宝的手有未洗干净之处，可打肥皂再擦洗，有些小地方可用小刷子清洗。要求宝宝每次饭前洗手，外出游戏之后洗手，打扫卫生后也要洗手，宝宝学会认真洗手后，才能保证个人卫生和家庭卫生。因为宝宝的手干净，宝宝摸过的用具才干净。让宝宝有自觉地注意卫生的习惯，摸过脏东西后洗手，免得通过手传染疾病，让宝宝知道爱干净的好处，他就会经常主动地去洗手了。

**教训娃娃。** 宝宝受到批评后，会把怒气向布娃娃发泄。例如宝宝对着别的孩子手扬沙土，受到妈妈的责备，被妈妈带回家，这时，宝宝会找到娃娃或狗熊，把它们教训一顿，然后把它们放回存放的地方，或用盒子把它们装起来。宝宝教训它们的样子同妈妈教训宝宝一样。经过教训娃娃或狗熊，宝宝进一步认识到自己的错误，懂得把沙土扬到别人眼睛里会让人睁不开眼，甚至要到医院才能把沙土取出，如果伤了眼睛，就闯大祸了。

宝宝教训了娃娃出了气，慢慢理解了妈妈的话，下次玩沙时自己不扬沙土，也会主动制止别人扬沙土。这时的宝宝学会了检讨自己的过错，进一步认识了自己的不足。

### 训练宝宝的社交行为能力

**联合游戏。** 1—3岁的宝宝基本上处于平衡游戏阶段，2—2.5岁的宝宝进入联合游戏阶段。平衡游戏是指宝宝各玩各的玩具，互不侵犯，但喜欢有同龄人在身边。联合游戏虽然也是宝宝各玩各的玩具，但是如果其中有一个宝宝喊叫一声，其他宝宝都会模仿着喊叫，出现联合的举动。又如，听到音乐时有一个宝宝拍手，其他宝宝也会跟着拍手。这种不约而同的举动是联合游戏的特点。教师可以利用这种特点来组织集体活动，如按节拍敲击小鼓，按次序套上套碗，按红、黑、白次序穿珠，把形块放入形穴等。大家的玩具相同，宝宝们就会左右看看，模仿别人去做。但是若有一个宝宝的玩具与别人不同，大家就会过来抢夺，不容易维持次序。家里来了小客人时，也要考虑这个因素，如果两个同龄的宝宝在一起玩，一定要有两个一样的玩具才能避免两个宝宝打架。再者，两个宝宝之中有一个哭了，另一个也会跟着哭；一个笑了，另一个也会跟着笑。他们之间会互相感染，爸爸妈妈应想到这一点，从而往积极和快乐的方面诱导宝宝。

**预防走失。**从2岁起宝宝很容易走失，因为他有独立的主见，想自己去探索。当妈妈带着宝宝在菜场购物时，妈妈正在排队付钱，宝宝自己却趴在剖鱼的柜台前看得津津有味。

妈妈付账后去找宝宝，而宝宝以为妈妈正在排队，走到队伍里又找不到妈妈。两个人在菜场里"捉迷藏"，彼此都十分着急。

要告诉宝宝，突然找不到妈妈时不能大哭大叫，要找当地的管理人员，如菜场经理或者值班的保安人员，告诉他们自己走失了，请他们用广播找妈妈。找不到菜场的负责人，可以找到附近一家大商店，或某单位门口的保卫人员，请他们帮忙用电话同妈妈联系。

平时带宝宝外出时，妈妈应该让宝宝知道哪里有警察、哪里有保安人员、哪里有街道办事处及其他能临时获得帮助的地方，也应该让宝宝知道，回不了家是十分危险的。宝宝随妈妈上街，妈妈总是要办一些事，宝宝自己不能离开妈妈。如果遇到排队，或有耽误时间的情况，宝宝也应当在妈妈身边，不能自己离开。如果宝宝想去看某些新鲜事，可以让妈妈陪同宝宝一起去，不可以自己跑开。妈妈要教会宝宝懂得在遇到困难的时候向别人寻求帮助。

**选择朋友。**有些父母会替宝宝选择玩伴，但是宝宝自己很有主张，他会在亲子园里自己找玩伴，也会在街心公园里选择朋友。一般父母会给宝宝找一些爱干净的或穿得好的玩伴，但宝宝愿意找可以向他学习的玩伴。例如宝宝想学唱歌，就找会唱歌的朋友；宝宝想学翻跟斗，就找会翻跟斗的玩伴。宝宝的玩伴并不是一成不变的,当他学会了翻跟斗,他就找会讲故事或会背儿歌、会画画的宝宝做玩伴,因为他想学另一种本领,所以爸爸妈妈没有必要替宝宝选择朋友或玩伴,只需要把他带到有许多小朋友的地方,让他自由选择就可以。有些游戏对宝宝有害,例如宝宝们都去用嘴啃同一样东西,就会互相传染疾病,这时就应把宝宝拉开,并且对他讲明利害关系。

宝宝打人。有些宝宝打人是无意的,他伸手想同人打招呼,但出手太重了,就把别的宝宝打到了。这种情况容易改正,告诉他要轻轻地伸手,不要把别人打痛了。另一种是攻击性的打人。有些宝宝从小就被父母冷落,得不到爱抚,尤其是受过父母体罚的宝宝,很容易发生攻击性行为。

如果家庭中父母有互相攻击、打闹的情况,宝宝会进行模仿。另一些父母又过于放纵、迁就宝宝,宝宝打父母时,父母还笑嘻嘻地认为宝宝真可爱,使宝宝更加乐于打人。

研究证明,2—3岁时经常打人的宝宝,上学后也爱打架和戏弄别人。这时如果不改打人的毛病,长大后就会易发脾气,导致夫妻不和、与同事关系紧张,甚至犯罪,所以应及早纠正。

当宝宝打人时,父母应马上抓住他打人的手,用严肃的神态看他,使他知道错了,等他情绪平息后再给他讲道理。不能以体罚来对待宝宝。在他哭闹时,父母暂时离开他,给以"冷处理"。待他停止哭闹后,要指出他的错误,转移注意力。平时要特别表扬宝宝的好行为,坚定宝宝学好的信心,用爱来化解攻击。父母首先要相信宝宝是"好孩子",使他向好的方面

努力。

**向宝宝讲解从电视里获得的知识。**宝宝能接受部分从电视上得来的知识，但电视里的内容多数宝宝不明白，会经常提问，爸爸妈妈要耐心回答，因为这是难得的交流机会。最好让宝宝看儿童节目，但由于大多数儿童节目是为大孩子准备的，所以许多卡通片宝宝还是看不懂。如果父母能为宝宝准备一些适合的光盘，会使宝宝很高兴。父母同宝宝一起欣赏，为他讲解，使他明白其中的意义。不过不宜让宝宝长时间看电视，每次只能看10分钟左右。

### 训练宝宝的音乐能力

**唱歌游戏。**宝宝们都会唱《找朋友》，让宝宝们排成双行，二人相对。唱第一句时，先互相招手，唱"你是我的好朋友"时，可以互相碰碰头。然后互相敬礼，互相握手，先指对方再指自己，握握手，招手说"再见"。第一排第一人跑到第一排的后面，第一排其他人向前迈一步，面向另一个小朋友，再开始唱歌。如果小朋友是单数，由教师补上。

1岁时，宝宝在妈妈怀里做这个游戏。2岁后，宝宝们可以自己站起来与同龄儿童做游戏。个别不能离开妈妈的宝宝，可以让妈妈牵着手陪着他做游戏，待习惯以后自己就可以参与了。

一面游戏一面唱歌使宝宝们很快乐，用有意义的动作，随着节拍边做律动边唱歌，既是游戏，又是音乐的启蒙教育。

**听有半音的音乐。**给宝宝选择容易听懂的短小音乐，如《F调旋律》、《天鹅》或《梦幻曲》等。在宝宝听音乐时，爸爸妈妈可以选一些美的图画来做陪衬。在播放《F调旋律》时，可以让宝宝看优美的乡村风景；听《天鹅》时让宝宝看天鹅飞翔的画面；听《梦幻曲》时，让宝宝看睡着的布娃娃正在做美丽的天国之梦的画等。鼓励宝宝随着节拍晃动身体，或轻轻地跟着旋律哼唱。这些乐曲在主题调或伴奏里都有半音，感受半音会使宝宝感受乐曲的能力更强。

经常欣赏有半音的音乐，可以提高宝宝的欣赏能力。如果在3岁前宝宝从来没有听过带有半音的音乐，宝宝对半音的分辨率就会下降，难以识别音乐何时变了调，何时又变回来了，以后学习乐器就会有困难。对半音的分辨最敏感的时期是2—3岁，如果到7岁都未听过半音，宝宝分辨半音的能力会基本消失，难以学习高难度的乐器演奏。

家庭齐唱。妈妈同宝宝齐声唱一首歌。先唱大家都熟悉的儿童歌曲，可以配合一些动作表演或用玩具敲击节拍，以活跃气氛。也可以利用全家在一起时的机会，教宝宝唱新歌，爸爸妈妈先唱一遍，让宝宝听到完整的歌曲，找出歌的主题，让宝宝从有反复的主题学起。

宝宝学唱歌大都从家庭里学起，爸爸妈妈要关心宝宝音乐智能的发展，尽量让宝宝唱适合他年龄的歌曲。

听一种乐器独奏。宝宝最容易听到的是钢琴独奏，因为走在楼群中散步时，可以听到邻居在练习钢琴。有时是孩子们弹的练习曲，有时是爸爸妈妈们弹的世界名曲。人们都定时练琴，如果喜欢听某一种乐曲，定时去某一个地方就能听到。另一个办法就是买某一种乐器的演奏录音带或者光盘，光盘更容易选择想听的乐曲。最好让宝宝欣赏小提琴的独奏乐曲，因为小提琴有较强的表现力。若宝宝喜欢其中的几首曲子，可以重复地听。

此外，也可让宝宝欣赏黑管独奏，黑管与小提琴的声音不同，但也很好听。宝宝记住它的特点后，以后听到时马上就能辨认出是什么乐器独奏了。

## 第三节 为宝宝左右脑开发提供营养：根据体重调节宝宝的饮食

**营养越好，宝宝越聪明**

脂类在脑组织中含量最多，作用最大。磷脂、胆固醇、糖脂等是脑细胞构成成分，维持神经细胞的正常生理活动，并参与大脑思维与记忆等智力活动。脂肪中的亚油酸、亚麻酸、花生四烯酸、DHA、EPA等不饱和脂肪酸，是人体不可缺少的必须脂肪酸，对脑细胞的发育和神经的发育起着极为重要的作用。研究表明，如缺乏这一类必须脂肪酸可引起智能缺陷，甚至持久性损害。碳水化合物虽不是脑组织的构成成分，却是大脑离不了的能源物质。维生素和矿物质虽说每日需要量不多，但对脑发育十分重要。维生素作为辅酶参与代谢，保证大脑的发育和进行正常生理活动，如缺乏时可引发神经及精神障碍，尤其是孕期体内缺少叶酸，易造成胎儿神经管畸形。矿物质、微量元素对正在发育的脑组织极为重要，如缺乏铁元素时，即使未出现贫血，但首先影响到脑功能，

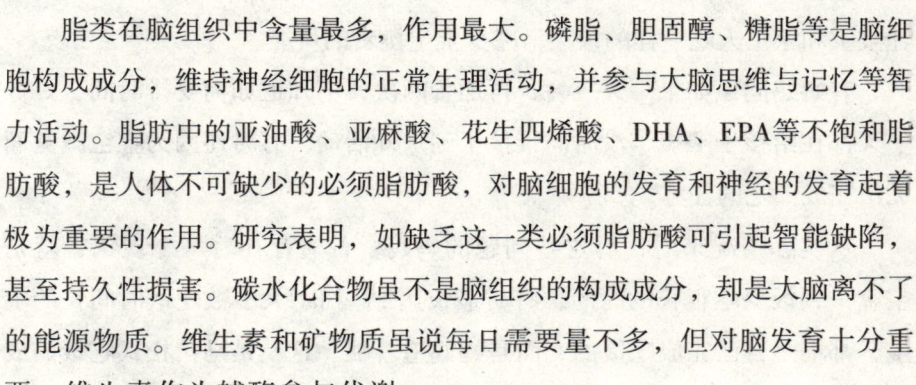

会使孩子注意力涣散、多动、烦躁，学习成绩下降。缺乏锌元素可引起发育迟缓或停滞，智力低下，食欲减退等症状。碘元素缺乏则造不出甲状腺素，不仅影响大脑及神经系统发育，智力低下，痴呆，而且生长停滞，身材矮小。

可见，要想让孩子有一个聪明的脑袋，应在孕期到孩子出生后3岁之内，抓住这一黄金时期，合理平衡膳食。

### 控制吃饭时间的有效办法

#### 吃饭马拉松

从现在开始，宝宝几乎可以吃桌上大部分的饭菜。可以适当减少单独为宝宝做饭的时间了，尽量靠近宝宝对饭菜的要求做一日三餐，这样能够让宝宝和家里人吃一样的饭菜，减少宝宝挑食的可能。

有妈妈问，如果一天三餐，再加餐两次，不知道如何安排时间，好像一天都在给孩子喂饭，没时间带孩子到户外活动，有时还因为宝宝睡觉而无法完成"吃的任务"。

从实际情况来看，有这些问题的妈妈，普遍存在着一个现象，就是宝宝一顿饭要吃很长的时间，有时最长达2个小时!大多数吃饭时间长的宝宝，都不是自己完成吃饭的，而是妈妈追着喂。这就是马拉松式吃饭的成因。

一顿饭要吃2个小时，当然会减少户外活动时间。吃饭时间长被认为是宝宝的问题，其实绝大多数是父母喂养的问题。我常常告诉妈妈们：一顿饭要控制在半个小时以内。可妈妈们说：那样的话宝宝就会饿着，因为半个小时，她的宝宝连两口饭也吃不进去。

我们实在不忍心批评这样的妈妈，她们已经够辛苦的了。但追着喂饭，真是宝宝的问题吗？如果我们一开始就不这样做，宝宝自己会发明"让妈妈追着喂和边跑边吃"的习惯吗？

妈妈不要认为已经晚了，没办法解决孩子吃饭时间长的问题了，就从现在开始着手给宝宝建立起良好的进餐习惯,协助宝宝自己吃饭,用不了很长时间,宝宝就会自然而然地缩短吃饭时间,逐步养成良好的进餐习惯。

### 如何缩短吃饭时间

妈妈可以尝试以下几种方法,有效控制宝宝的进餐时间:

**1. 吃饭时间不做其他事情**

避免边吃饭边看电视、边吃饭边教育孩子、边吃饭边对孩子进行营养指导、边吃饭边游戏等等。

**2. 不让宝宝吃饭时离开饭桌**

如果让宝宝坐在餐椅里可避免宝宝到处跑,那就毫不犹豫地让宝宝坐在餐椅里。宝宝还没吃完饭就离开饭桌,妈妈不要追着宝宝喂饭,也不要呵斥宝宝,只需把宝宝抱回饭桌,继续让宝宝吃饭。可以让宝宝围着饭桌转悠两圈,因为这么大的孩子不能老老实实地坐在那里,但不要让宝宝离开饭桌。

**3. 控制吃饭时间**

最好在半小时内完成吃饭,如果宝宝没有在半小时内完成吃饭,就视为宝宝不饿,不要无限延长吃饭时间。妈妈可能要问了,宝宝没吃饱怎么办?妈妈的心情可以理解,但建立好习惯毕竟需要一定章法。虽然半个小时内宝宝没吃几口饭菜,也不要因为宝宝没吃几口,就一直把饭菜摆在饭桌上,等宝宝饿了随时吃。父母应增强宝宝对"一顿饭"与"下一顿饭"的时间概念。

**4. 父母的模范作用**

不希望宝宝做的,父母首先不要做,如在饭桌上看书、看报、看电视;在饭桌上吵嘴或说饭菜不好吃。

## 为宝宝准备饭菜

有的妈妈给宝宝做饭时会很犯愁,每天都给宝宝做什么吃的好呢?尤其是面对"挑食"的宝宝，妈妈更是不知给宝宝准备些什么样的饭菜了。

其实一日三餐，无非就是粮食、肉蛋奶、蔬菜三大类食物相互搭配，争取做到膳食结构合理、营养全面、食物新鲜、味道鲜美、色泽好看、符合孩子个性口味。基本原则是：

### 1. 少放盐

孩子不能吃过多的食盐，做菜时要少放盐。如果父母都比较口重，那正好借此机会减少食盐摄入。过多摄入食盐，对成人的身体健康同样不利。

### 2. 少放油

摄入过多油脂会出现脂肪泻，也影响孩子食欲。过于油腻的菜肴，容易引起宝宝厌食。宝宝喜欢吃味道鲜美、清淡的饮食。

### 3. 不要太硬

孩子咀嚼和吞咽功能还不是很好，如果菜过硬，宝宝会因为咀嚼困难而拒绝吃菜。

### 4. 菜要碎些

宝宝咀嚼肌容易疲劳，如果菜肴切得过大，宝宝就需要多咀嚼，很容易疲劳；宝宝口腔容积有限，块大的菜进入口腔会影响口腔运动，不利于咀嚼，宝宝会因此把菜吐出来。

### 5. 适当调味

宝宝有品尝美味佳肴的能力，但妈妈给孩子做饭多不放调料，我们成人吃起来难以下咽，孩子也同样会感到难以下咽。给宝宝的饭菜也要适当调味，孩子喜欢吃有滋有味的饭菜。

### 6. 给宝宝自己吃饭的自由

这是避免孩子偏食厌食的重要方法，孩子已经有能力自己吃饭了，妈妈就不要代劳了；孩子已经有了选择饭菜的能力，妈妈不要总是干预孩子该吃什么，不该吃什么。父母有义务为孩子准备孩子应该吃的食物，孩子有权利选择他喜爱吃的食物。"应该吃"与"喜爱吃"能做到基本一致，孩子饮食就没什么问题了。

### 怎样给孩子烹调胡萝卜

胡萝卜里含有丰富的胡萝卜素。在体内,胡萝卜素可以转变成维生素A,增强人体的抵抗力,故有"赛人参"的雅号。但胡萝卜有特殊的味道,孩子往往不喜欢吃。要提高胡萝卜素的吸收利用率,烹调方法有很大讲究。那就是,烹调胡萝卜时宜注意"掺"、"碎"、"油"、"熟"这几个字。

1. "掺":胡萝卜与肉、蛋、猪肝等搭配着吃可以消除胡萝卜的味儿。

2. "碎":胡萝卜植物细胞的细胞壁厚,难消化,切丝、剁碎,可以破坏细胞壁,使细胞里的养分被吸收。另外,弄碎了,孩子也就没法把它挑出来了。

3. "油":在体内,胡萝卜素转变成维生素A得有脂肪作为"载体"。没有加油,同样多的胡萝卜素转变成维生素A的比例会大打折扣。

4. "熟":胡萝卜不宜生吃,可以蒸熟后掺和在其他水果中榨汁喝。

## 第四节 适合宝宝左右脑开发的游戏：摸一摸，猜一猜

### 图片归类

**游戏目的**

练习归类技能。归类技能是宝宝思维能力的基础，通过游戏，可以提高宝宝将事物进行分类的意识，促进智力发展。抽象概括思维能力是智力的核心部分，要想宝宝聪明，从小就要培养他的思维能力。良好的思维能力应该具备广阔、深刻、敏捷的特点，独立性、批判性和逻辑性要强。

**游戏准备**

一些动物、水果、蔬菜的图片，如老虎、猴子、狮子、大象、西瓜、橘子、草莓、苹果、香蕉、白菜、扁豆、辣椒、萝卜等。

**游戏步骤**

1. 给宝宝看图片，让宝宝一一说出它们的名称。

2. 宝宝说名称的时候引导宝宝说出它们的类别，比如，宝宝说这是老虎，妈妈问："老虎是动物、植物还是水果呢？"

3. 引导宝宝把图片上的动物放在一起、水果放在一起、蔬菜放在一起。

4. 这个游戏玩熟了以后，妈妈可以把所有图片放在一起，随意抽出

一张，让宝宝说出该图片所属的类别。

> **游戏提醒**
>
> 刚开始时要逐渐让宝宝领会妈妈的意图，找到游戏规律，再按照规律来进行游戏。妈妈不要大包大揽，代替宝宝。

### 和妈妈一起跳舞

**游戏目的**

体会音乐节奏和旋律。通过音乐智能发展，能够提高宝宝感受、辨别、记忆、改变和表达音乐的能力，同时也促进了宝宝对声音的敏感性和记忆力、注意力的发展。

**游戏准备**

优美的音乐磁带一盒，也可以由妈妈自己来哼唱《青春友谊圆舞曲》、《友谊地久天长》等。

**游戏步骤**

1. 放音乐，妈妈站在地上，宝宝站在床上，妈妈右手搂着宝宝，左手抓住宝宝的右手。

2. 让宝宝的左手搭在妈妈的肩上，模仿跳交谊舞的姿势，随着音乐前进、后退、旋转。

3. 妈妈带动宝宝跳，示意宝宝做一些摇头、旋转、踢腿的动作。

> **游戏提醒**
>
> 不要要求宝宝的动作准确，只要跟上节奏即可。

### 猜一猜，我是谁

🔵 **游戏目的**

训练宝宝的表达能力。认识动物和它们的叫声可以帮助宝宝增加对这些动物的认识，模仿动物的叫声可以锻炼宝宝的发音能力。在游戏中要引导宝宝说出完整的句子，帮助宝宝把词汇连贯成句子，提高表达能力。让宝宝应用自身的知识对声音进行判断，可以提高他的形象思维能力和判断力，为宝宝建立自信心。

🔵 **游戏准备**

室内、室外均可。

🔵 **游戏步骤**

1. 妈妈："汪——汪汪，宝宝在家吗？猜猜我是谁？"

宝宝："你是狗狗。"

妈妈："你真聪明，我们做个好朋友吧！"

妈妈："你听听我是谁？喵……喵……"

宝宝："你是小猫。"

妈妈："猜对啦，我们做个好朋友吧！嘎嘎嘎，我又是谁呀？"

宝宝："你是小鸭子。"

妈妈："宝宝真棒，我们做个好朋友吧！"

2. 游戏可以根据宝宝的兴趣进行下去，等宝宝都熟悉了，可以让宝宝学着模仿，妈妈来猜。

**游戏提醒**

1. 宝宝可能认识小动物，但不知道小动物的叫声，平时要注意通过电视等各种途径帮助宝宝了解这些知识。

2. 妈妈要发挥自己的模仿力，尽可能形象地模仿出声音，再伴随动作，提高宝宝的兴趣。

### 小青蛙，跳跳跳

◯ 游戏目的

提高宝宝运动能力。这个时期的宝宝已经能够双脚离地，做短距离的蹦跳了，让宝宝多练习可以使他熟练掌握蹦跳动作，增强体力，强化运动能力。运动游戏可以锻炼宝宝的意志，提高免疫力，也可以使宝宝情绪愉悦，从而获得健康快乐的身心，为今后的成长打下良好基础。

◯ 游戏准备

室内、室外适宜的环境。

◯ 游戏步骤

1. 爸爸、妈妈面对面坐下，两腿伸开，脚底与脚底相抵，形成一个菱形"小池塘"。

2. 宝宝就是一只快乐的小青蛙，让宝宝一会儿在池塘里"游泳"，一会儿从池塘里跳进跳出。

3. 也可以在地面上画出一个圆形池塘，爸爸、妈妈和宝宝一起跳跃。

**游戏提醒**

1. 为了提高宝宝的兴趣，可以准备青蛙头饰和其他道具。

2. 开始游戏的时候宝宝跳跃的距离不宜过远，时间不宜过长。

### 玩沙子

◯ 游戏目的

锻炼宝宝手部运动的随意性和准确性。在游戏过程中宝宝的手部可以随意活动，并经由脑部传输的信息来操作手中的工具，可以促进宝宝的手眼协调性和动作准确性的提高。想象力对人类的创造性活动有着重要意义,无论是学习、科学发明还是生产实践,都离不开想象力,自由的想象有助于形象思维的发展。

### 游戏准备
小铲子、小桶、小水壶等玩沙工具。

### 游戏步骤
1. 风和日丽的日子,带宝宝到郊外或附近的地方玩沙子或泥土。

2. 爸爸可以指导帮助宝宝挖"山洞"、用小桶扣"蛋糕"。

3. 找一些石子铺设一条小路,在"山边"挖一条"小河",找一些树枝当作小树栽种在"河边"……

4. 总之,爸爸、妈妈要多多开动自己的脑筋,给宝宝提出一些需要完成的任务,宝宝的目标明确,玩起来就会十分投入。

5. 随着年龄增长,宝宝也会有自己的创意、自己的玩法。

### 游戏提醒
1. 要选择干净松软的沙子,先看看里面有没有尖锐物品。

2. 鼓励宝宝和其他小朋友认识一下,还可以交换玩具,让宝宝把自己多余的玩具借给没有玩具的小朋友玩。

## 自我介绍

### 游戏目的
提高宝宝的语言表达能力。练习自我介绍要基于宝宝对自身的了解,这个游戏可以让宝宝将对自己的了解用语言表达出来,锻炼其语言表达能力。

### 游戏准备
宝宝平时熟悉的毛绒玩具若干。

- 游戏步骤

1. 妈妈拿起一只小兔子玩具，模仿兔子的声音说："我是小白兔，长长的耳朵，红眼睛，我喜欢吃萝卜和青菜，还喜欢蹦蹦跳跳。"

2. 让宝宝来介绍自己，请宝宝说出自己的姓名、年龄、长相和自己喜欢什么。

3. 妈妈和玩具坐在下面当听众。

4. 妈妈可以用笔记下宝宝说的话，然后念给宝宝听。

游戏提醒

宝宝说错的时候，妈妈不要打断，更不要急于责备，让宝宝说完后，再和宝宝重复一遍，此时再指出不准确的地方。

### 摸一摸，猜一猜

- 游戏目的

提高宝宝记忆力。这个游戏，实际是对宝宝记忆能力的一种锻炼，宝宝只有在熟识记忆的基础上才能通过触摸来辨别熟悉的物体，通过游戏规则可以进一步强化宝宝的记忆。有效、准确的观察力是宝宝学习一切知识和技能的基础，生活中有意识地培养，将能促进宝宝学习能力的提高。

- 游戏准备

布袋一个，图书、牙刷、杯子、布娃娃等宝宝熟悉的物品若干。

- 游戏步骤

1. 妈妈先将所有的物品摆出来让宝宝看一看，让宝宝说说它们是什么。

2. 取一个物品放在布袋里面，让宝宝伸手摸一摸里面的东西，并说出是什么。

3. 妈妈把布袋里的物品拿出来看看。

4. 如果宝宝说对了，妈妈要装作惊讶地问宝宝是怎么猜中的，鼓励宝宝简单说出理由。

### 游戏提醒

1. 应该选择宝宝日常接触和熟悉的物品。
2. 如果宝宝一时猜不出,妈妈可给予适当提醒,给宝宝几个选项。

## 数豆豆

### 游戏目的

提高宝宝的分类能力。分类是宝宝学习数学的重要内容,分类能力的发展是逻辑思维发展的一个重要标志,通过游戏强化宝宝的分类意识,可以为其今后的数学学习奠定基础。宝宝按照一定要求进行分类,很好地锻炼了他们的逻辑思维和概括能力,潜移默化之中培养了他们做事的条理性和规律性。

### 游戏准备

红豆、黄豆、绿豆、黑豆各7颗,水彩色盘一个。

### 游戏步骤

1. 妈妈先将各种豆子混在一起,装在调色盘中央的格子中。
2. 请宝宝将豆子一颗颗拣出来,按照颜色分类摆在调色盘外围的格子里。
3. 边拣豆子边念儿歌:"红豆豆,绿豆豆,我们一起数豆豆,一二三,三二一,一二三四五六七;黄豆豆,黑豆豆,我们一起数豆豆,一二三,三二一,一二三四五六七。"

4. 摆好后，妈妈告诉宝宝每种豆子的名称和日常食用方法，例如，绿豆可以做绿豆汤、红豆可以做豆沙包等。

**游戏提醒**

1. 一定要指导宝宝逐一点数豆子，这样有助于宝宝对数字形成具体认识。

2. 叮嘱宝宝不要把豆子放进口鼻中。

## 两只老虎

**游戏目的**

训练宝宝的身体协调能力。通过生动有趣的歌曲，既可帮助宝宝学习唱歌，又可以促进其身体各部位的协调，进一步刺激大脑神经系统的发展。幼年时的所有训练都是为将来作准备的，准确、快速的反应能力来自于对身体以及大脑的潜能开发，让宝宝将来更加积极地适应社会需要。

**游戏准备**

家中地板或床上。

**游戏步骤**

1. 妈妈先带宝宝一起认一认身体各个部位，如鼻子、耳朵、眼睛、胳膊、腿等。

2. 和宝宝一起边唱《两只老虎》边做动作，唱到相应的部位时用手指着相应位置。

3. 把歌词中的眼睛等换成其他的身体部位名称再唱，边唱边指。

**游戏提醒**

开始时，宝宝或许不会指得很准确，所以节奏不宜太快，等宝宝熟悉了，妈妈可故意加快速度，增加游戏难度。

### 套娃娃

**游戏目的**

发展宝宝手眼协调能力。套叠玩具非常适合这个年龄段的宝宝，游戏过程既锻炼了手眼协调能力，又让宝宝学会了大小顺序。聚精会神地尝试过程，既可培养宝宝的专注能力，又可强化宝宝的空间感知能力，为今后发展数学能力打下基础。妈妈准备一组能按大小次序拆开或套上的娃娃玩具（套碗、套桶）。

**游戏步骤**

1. 妈妈先将套娃拆开，按大小次序将娃娃摆成一排。
2. 再由小到大，将套娃一个个套回原样，成为最初的一个大娃娃。
3. 指导宝宝拆开并安装套娃，直到宝宝能独立操作。
4. 游戏结束时，要求宝宝将套娃恢复原状，放回原位。

**游戏提醒**

1. 宝宝最初自己套装时可能不会很顺利，妈妈要多给予提示，指导宝宝发现规律，千万不要急于求成，令宝宝产生心理负担。

2. 开始时，可以先用两个套娃套在一起，宝宝学会后再逐步加大难度。

### 宝宝推球走 ★★★

**○ 游戏目的**

提高宝宝的运动协调能力。按照指定线路推动小球,不仅能锻炼宝宝的运动协调能力,还能培养宝宝按照指令行事。将认识数字和颜色的学习过程融入游戏中,可以提高宝宝的学习兴趣。

**○ 游戏准备**

干净、轻便的扫帚一把,红、黄、绿色的球若干,写有数字的纸片若干。

**○ 游戏步骤**

1. 把玩具球放在客厅,用两把椅子摆成一个球门。
2. 让宝宝拿着扫帚,把球一个一个推到球门中去。
3. 也可以让宝宝根据妈妈的指令把球推到其他房间去。
4. 妈妈将写有数字的纸片分别贴在球上,让宝宝根据妈妈的指令按照数字把球推入球门。

**游戏提醒**

1. 妈妈的指令要清楚,不要给宝宝造成混乱,游戏要一项一项地进行。
2. 游戏时间不要过长,当宝宝开始故意不按照指令行事时,可能是厌烦了,妈妈要及时终止游戏。

### 寻找玩具 ★★

**○ 游戏目的**

通过这个游戏,可以培养宝宝动作的灵敏度,提高四肢、眼睛、手等各个器官的配合能力。同时促进宝宝观察力的发展，这对其获取知识、认识世界及形成良好的心理品质有着极其重要的作用。

### 游戏准备

宝宝平常的玩具若干、大塑料筐一个。

### 游戏步骤

1. 将家中的桌、椅、橱、柜当作大森林，把宝宝的玩具藏在椅子下面、沙发背后、橱柜里面。
2. 宝宝和爸爸、妈妈就是寻宝队员，拿着大筐来找宝藏。
3. 宝宝和妈妈在前面找，爸爸跟在后面。找到一个玩具后，就由宝宝把玩具扔到爸爸的筐里去，再去找其他的玩具，直到把玩具都找到。

### 游戏提醒

1. 游戏过程中，爸爸可以将筐放在头顶上、胸前、腰间、肩上、脚边等位置，以训练宝宝投物时身体的灵敏度。
2. 如果宝宝够不着，妈妈可以托扶，帮助宝宝。

## 第五节 25—27个月智能开发效果测评

### 25—27个月宝宝的智能测评

1. 说清楚气象的变化：晴天、阴天、刮风、下雨、下雪等：

   A. 5项（5分）　　　B. 4项（4分）

   C. 3项（3分）　　　D. 2项（2分）

   以5分为合格

2. 将手臂按口令放在上、下、前、后、展开、合拢：

   A. 对4项（10分）　　B. 对3项（8分）

   C. 对2项（5分）　　　D. 对1项（4分）

   以10分为合格

3. 伸出右手、左手、右脚、左脚：

   A. 对4项（10分）　　B. 对3项（8分）

   C. 对2项（5分）　　　D. 对1项（4分）

   以10分为合格

4. 背数：

A. 20（4分） B. 15（3分）

C. 10（2分） D. 5（1分）（每递加10增加1分）

5. 点数：

A. 10（4分） B. 7（3分）

C. 5分（2分） D. 3（1分）（每增加5记1分）

6. 背位数：

A. 5位（4分） B. 4位（3分）

C. 3位（2位） D. 2位（1分）（加1位加1分）

三项相加以10为合格

7. 积木砌高楼：

A. 10块（10分） B. 8块（8分）

C. 6块（6分） D. 4块（4分）

模仿砌门楼（加4分）、模仿砌炮楼（加6分）

以10分为合格

8. 拼上切分两块的拼图：

A. 对3张（6分） B. 对2张（4分） C. 对1张（2分）

以6分为合格

9. 问："你几岁"答：

A. 我两岁（9分）

B. ××（名字）两岁（6分）

C. 竖起2指（4分）

以9分为合格

10. 跟妈妈讲：EYE、NOSE、EAR，边讲边指：

　　A．对3个（6分）　　　B．对2个（4分）　　C．1个（2分）

　　以6分为合格

11. 替大人拿东西：拖鞋、伞、书包、上衣、帽子（分清是谁的东西，不能拿错）：

　　A．对5种（10分）　　　B．对4种（8分）

　　C．对3种（6分）　　　　D．对2种（4分）

　　以10分为合格

12. 记住家庭门号（电话号）：

　　A．全对（10分）　　　　B．错1个数（8分）

　　C．错两个数（6分）

　　背出电话号加5分

　　以10分为合格

13. 用筷子：

　　A．会扒饭入口（12分）　B．会拿不会用（10分）

　　C．用勺子吃干净（8分）　D．要人喂（0分）

　　以10分为合格

14. 洗手、开关龙头、擦肥皂、洗净指缝、甲缝、擦手：

　　A．对5项（5分）　　　　B．对4项（4分）

　　C．对3项（3分）　　　　D．对2项（2分）

　　以5分为合格

15. 跳跃：

　　A．双足离地跳（5分）

B. 扶人扶物跳（3分）

C. 跳不离地（2分）（会跳格子加3分）

以5分为合格

16. 接从地面滚来的球：

A. 马上接住（5分）　　B. 去追球（4分）

C. 躲开（2分）　　　　D. 不练（0分）

接反跳球（加3分），接抛来的球（加5分）

以5分为合格

17. 骑摇马：

A. 自己扶住爬上去会自己摇（5分）

B. 大人扶上自己会摇（4分）

C. 大人扶上，大人摇（3分）

D. 不敢上（0分）

以5分为合格

○ 结果分析

1、2、3、4题测认知能力，应得29分；

5、6题测手的技巧，应得16分；

7、8题测语言能力，应得15分；

9、10题测社交能力，应得20分；

11、12题测自理能力，应得15分；

13、14、15题测运动能力，应得15分，共可得110分，总分90—110分为正常范围，120分以上为优秀，70分以下为暂时落后。哪道题在及格以下，可先复习上月相应试题，通过后再练习本月的题。哪道题在优秀以上，可跨月练习下月同组的试题，使优点更加突出。

♥ Part 8

## 宝宝28—30个月：贴着耳朵说悄悄话

## 第一节 开发宝宝的左脑：小积木搭楼房

### 训练宝宝的语言能力

**说悄悄话。** 宝宝看到一人趴在另一人的耳朵旁说悄悄话，感到好奇。妈妈也趴在宝宝耳边说一句话，让宝宝感受一点儿神秘的滋味。如果爸爸不知道妈妈对宝宝说了什么，宝宝就会感到很得意，故意不告诉爸爸。

不过宝宝装不住秘密，过不了两分钟，就会把话说出来。但是宝宝对于说悄悄话仍然兴趣不减，有时他会趴到爸爸的耳边说一句话，有时又趴到妈妈的耳边说另一句话。爸爸妈妈要听他的话是否有意义，鼓励他说有意思的、引人发笑的话，使这个游戏更有趣，同时培养宝宝语言的幽默感。但是也要注意引导宝宝不在悄悄话中伤害别人，不讲别人的坏话。

**听出故事的含义。** 有些宝宝怕黑，晚上天黑之后不敢在街上走，晚上不肯熄灯睡觉，半夜醒来如果不开灯就不敢起来尿尿等。这时妈妈可以给宝宝讲故事，用比喻的方法，讲小熊怕黑的故事：有一天晚上，下起了大雨，发大水了，大水马上要把房子冲走，邻居大象过来救小熊，让小熊爬到自己的背上。小熊怕黑，说没有灯不敢起来，大象生气了，说："胆小鬼，救你也没有用。"一甩尾巴就要走，小熊赶紧爬起来，抓住大象的尾巴，终于逃了出去。

宝宝知道妈妈是有意说"胆小鬼没有用"的，从此宝宝晚上再也不让人开灯，自己悄悄地上厕所也不再吵醒妈妈了。

**听电话学舌**。父母应让宝宝学会听电话，如果每次传话都很准确，父母应及时鼓励宝宝。这样，宝宝就会十分重视每次大人打来的电话，将电话内容牢牢记住，不漏掉每一条信息。宝宝听电话学舌的本领也会得到客人的称赞，客人来访时看到宝宝也说："宝宝真棒，会把话告诉妈妈，真管事。"长此以往，宝宝传话的本领就越来越好了。

**与人交谈**。这个年龄的宝宝多数都能与大人交谈，如遇到大人问及有关自己的事，能如实回答。问及有关家庭成员，父母的姓名、职业、住址等也能回答。如果宝宝有事要求到大人，如取信、取报、取奶等也能说得清楚，能达到目的。但是有时只能连比带划地间断叙述，不能完全表达清楚意思。这时，宝宝的词汇量还较少，还不能完全用词表达清楚自己的意思。有时会用错了词，使大人听不明白。而且宝宝的发音仍有困难，说"姥姥"时说成"闹闹"或"嗷嗷"，叫"老师"为"闹西"，父母可以暂时不去矫正，因为要把"老"字说清楚要等宝宝的舌头长得长一些，舌尖能达到上腭才能说得清楚，几乎要到4岁才能清楚地发出"老"。如果父母要矫正宝宝的发音，宝宝又做不到，就会引起互相不愉快。爸爸妈妈可以建议宝宝最好改用另外一个词来表达自己的意思。

**写有口字的汉字**。如口、日、白、田、只、叶、右、石等简易的汉字。宝宝一面写，父母一面同他讲清楚在什么情况下用这个字，使宝宝写得有兴趣。此外常用的汉字还有宝宝能懂得的，如四、因、团、回、国、圆、园、困等。会画方形之后，宝宝能写的汉字增多，不过在开头一定要让他的书写笔顺正确。

**认字组句**。爸爸可以将宝宝已经认识的汉字写成词组，如"大人、明日、西瓜、橘子、鸡蛋、白菜、书包、医生、阿姨、叔叔、饼干、苹果、娃娃、狗熊"等等，加上相应的动词如"去、带、骑车、跑、睡、吃、到"等，还要有些虚词，如"的、了、和、或者、是、非、不"等，让宝宝可以先把话说出来，缺的字随时增加，使宝宝可以自由组句。

## 训练宝宝的精细动作能力

**练习配对。** 在宝宝真正形成大小、多少概念的基础上，再交给宝宝物品配对。

先配形状大小的同类物，如塑料瓶和瓶盖，大瓶配大盖，小瓶配小盖；以及为两只鞋子配对，为两只袜子配对，动物亲子配对等。

**拍球训练。** 继续训练宝宝手眼协调，能达到连续拍球5下以上。

**拿剪刀。** 妈妈可替宝宝买圆头的儿童剪刀，因为剪刀是用塑料做的，所以圆头的剪刀不会伤害宝宝的手指。让宝宝的拇指伸入剪刀的一个把手，中指伸入另一个把手，食指压住剪刀的上片。妈妈替宝宝把纸剪一个小口，让宝宝用左手拿纸，右手拿剪刀，两只手协同工作。宝宝在练习中会发现用某一种动作就能把纸剪开。多拿一些旧报纸让宝宝练习，先让他学会拿剪刀将纸剪开，学会使用一种工具。

**编辫子。** 让宝宝把玩具娃娃的头发散开，替娃娃编辫子。如果娃娃没有长头发，可以用三根绳子来练习。每次只用两根绳子相交，下次再用另外两根绳子相交，就可以编好辫子。平时在家里宝宝也会很热心地替妈妈编辫子。编辫子也是训练宝宝手指灵巧的一种方法，可以将一组小绳子捆起来让宝宝练习编辫子。

**翻连环套。** 奶奶同妈妈玩翻连环套给宝宝看。奶奶将绳子两头结紧，将绳子缠两圈在左右手中间的三个指头上，用中指从两头挑开绳子，两手之间有两条交叉的竖线。妈妈用双手拇指和食指拿稳交叉的绳子从两边的竖线下翻出，出现另一个图形。奶奶又熟练地翻另一个图形，两个人玩得很起劲。宝宝在旁边看着很想去试试，奶奶让宝宝做一次，并且在旁边看着。宝宝试了许多次，只会做第一组动作。妈妈鼓励宝宝再练习，让宝宝逐个记住怎样翻法。过了两个星期宝宝就已经学会3—4种翻法了。

**拼插鸭子。** 教宝宝用不同的玩具拼插鸭子，如用泡沫塑料玩具，先把鸭头和身体插入底座，在身体当中有两个插入翅膀的洞，把翅膀插好，再插上红色的嘴巴就成一只立体的鸭子。放在水里，鸭子会漂起来。另外有一种是硬的塑料做成的拼插玩具，用圆的当作鸭头。用直的做鸭的身体，共用6—7块才能拼成鸭子，做起来比泡沫塑料的要难些，适合3岁以上的宝宝拼插。

画几种几何图形的图画。父母可以教宝宝用一个正方形或一个长方形，下面加上两个圆圈，构成一辆汽车。还可以将正方形的任何一条竖线延长来画一面国旗；两条竖线都延长就成为车站的路牌；在正方形的右下角加一条弯线就成为风筝；把正方形画得扁一些，在上面加两条天线，就成电视机。长方形竖着放，在其内上方画个圆形，就成音箱。此外，还可教宝宝在正方形内做任何切分，如切开一半、切两刀分三份、中间加十字切成四份、在大正方形内加个小正方形如同回字等等。

利用两种主要的几何图形，宝宝可以画出许多日用品，这样可以扩展宝宝的想象力。

## 训练宝宝的数学逻辑能力

听数写数字。父母可以先让宝宝听写单个的5以内的数字，练习到很熟练后，再听写10以内的数字。可以在桌子上用纸和笔，也可以在墙上用水彩来写，用刷子或用食指蘸颜料也可以写。还可以到户外用小石头或棍子在地上写，用湿的刷子在水泥地上或墙上写，使听写数字成为有趣的游戏。

一分为二。让宝宝知道把饼干从中间掰开，分给妈妈一半。剥橘子时也可以从中间剥开，一个橘子两个人吃。馒头太大了，用刀切开一半，两个人分着吃。宝宝在纸上画一个大烧饼，用笔在当中画一条线，也可以把烧饼一分为二。宝宝手里拿一张纸，妈妈想要一半，宝宝把纸对折，用刀子裁开。宝宝有一条长绳子，妈妈想要一半，妈妈把绳子的两头对上，使绳子成双，顺着理到头，在顶点剪开，得到两条一样长的绳子。宝宝通过日常的小事，就能知道每一种东西都可以一分为二，如果对正，可以使两份一样大。

**赢大小**。宝宝虽然会写数字、会数数，但是往往说不上哪个数大。用套碗或套桶做赢大小的游戏可以解决这个问题。妈妈先在套碗或套桶的底面标上数字，最小的写1，依次写到最大的套碗是9。用套碗做游戏需要两套同样的套碗。用套桶可以一分为二，在桶底和桶盖两头都要标上数字，把套桶打开，一个套桶，另一人再出一个，谁的套桶大，就可扣住对方，赢一次。

赢的时候一定要读出桶后的数字，如5比4大、3比2大等。如果宝宝不服气，他可以用小的桶去扣，但扣不住大桶。这种用形象化的数字游戏，使宝宝知道6＞5＞4＞3＞2＞1。

**比厚薄**。父母可以将积木靠在一起让宝宝看出哪一块厚，哪一块薄。拿出宝宝的棉衣和单衣，让宝宝用手摸出哪一件厚，哪一件薄。再让宝宝用手摸一块厚的硬纸板卡片，再摸一块薄纸片。这样宝宝就会区分厚和薄了。

**拿4个**。2岁的宝宝只能拿3个东西，父母可以试一下让宝宝拿4个东西。宝宝经过各种数数练习，这半年会有很大的进步，可以准确地拿出4个东西，个别宝宝可以拿5个东西。有时数数数到5—10之间，父母可以突然问："数到几啦，一共是几呀？"看宝宝是否能记住。当宝宝会拿4个东西时，父母可以拿走2个，问还有几个，再放下1个，问还有几个，让宝宝在4以内做加减。如果宝宝仍然只能拿3个东西，也可以在3个数以内做加减。

**按次序放衣服**。每天上床睡觉前让宝宝把身上的衣服全脱下来，只穿内衣和睡衣，妈妈用一张凳子放宝宝的衣服。妈妈告诉宝宝按脱衣服的顺序把衣服摆好，如按外衣、外裤、毛衣、秋裤、袜子、毛背心的顺序摆放衣服。第二天起床时，宝宝才能最先穿上毛背心，再穿上袜子，用袜柄包住秋裤的下口，才便于穿上秋裤。再依次穿上毛衣、外裤和外衣，就把衣服穿好了。

许多宝宝有乱扔东西的坏习惯，父母要告诉宝宝，如果脱衣服时不按次序将衣服摆好，而是到处乱扔，穿衣服时到处找，就可能经常找不到袜子，有些宝宝因为穿衣服太慢而经常让父母帮忙，结果上幼儿园时仍不会自己穿好衣服。

按次序就是要有逻辑性，数学与逻辑分不开，如果没有次序就学不好数学。次序是从小做起的，从生活的点滴做起。父母都要对宝宝的次序感严格要求，将来宝宝才能胜任科学工作。

### 训练宝宝的视觉空间能力

**区分正方形和菱形**。爸爸将四条长度相等的硬纸条，用不干胶条围成正方形。再用手指压迫两个对角，正方形被压扁了，就成菱形。这两种形状的共同特点是四条边都一样长，不同的是正方形四个角一样大，都是规矩的直角；菱形对着的两个角，两个大，两个小，都不是直角。

爸爸再用纸剪一个正方形和一个菱形，在对角线上剪开，出现两种不同的三角形，把这些三角形混在一起，看看宝宝是否能拼出正方形和菱形。这道题好像很难，但是宝宝们做起来却很容易，因为宝宝们都有相当的空间智能，能把图拼上。宝宝们形象思维都不错，因为小孩子的右脑优先发育。

**画鱼**。在写8字时，爸爸用笔画倒着的8字，前面大些，后面小些，像一条鱼。宝宝拿起笔也学着画鱼。多画几条，其中有些鱼向上游，出现了真正的8字。这时应当告诉宝宝，8字不是两个小圆圈，而是一笔画出来的。不要忘记让宝宝在鱼头上点上眼睛，以增加游戏的兴趣。

**我家**。父母先为宝宝画好一棵树、一只鸟、一只兔子。父母告诉宝宝小鸟的家在树上，然后问宝宝，应该把鸟放在哪里；父母告诉宝宝，兔子的家在树下，然后问宝宝应该把兔子放在哪里，让宝宝画条线帮小鸟、兔子找到家。

**认识粉红色和紫色**。宝宝看到桃花十分好看，但说不出是什么颜色，这时妈妈告知是粉红色。在花园的另一头有一盆花，宝宝又问妈妈："这盆花是什么颜色?"妈妈说:"紫色。"妈妈可以问宝宝桃树上的桃花是什么颜色的,花盆里的花是什么颜色的。

**向哪一边转弯。**妈妈带宝宝去菜场,走出胡同口要向左转,不用过马路就到菜场了。买了许多东西回家时,妈妈可以问宝宝:"我们回家向哪一边走才能转入胡同口呢?"宝宝走到胡同口伸出右手,表示向右转,进入胡同就能到家。宝宝的方向感良好,却不见得能说出来,但他可以用手来指,只要宝宝指得对就算方向正确。

**蒙眼拿形块。**妈妈找出宝宝1岁半时玩过的形块玩具屋,或能投入形块的外表有形穴的球,让宝宝再熟悉一会儿。然后把形块都拿出来放在桌上,用手绢蒙住宝宝的眼睛,让宝宝凭手的触觉,用左手摸穴洞,用右手摸形块投入穴洞内。

**积木搭立体的楼房。**爸爸同宝宝一起搭积木,用宝宝以前看图认物的厚书做房顶。四周放四块方积木,加一本方形的厚书,搭成一层。再在书的四角放四块方积木,加一本厚书,又搭成一层。宝宝有多少方形的积木,和多少方形的厚书,就可搭多少层。宝宝搭的楼房四周透亮,而且稳当,让宝宝看着很高兴。这时爸爸告诉宝宝,小时候用一块积木再叠上一块积木盖楼房,楼房很容易倒。立体的积木楼房更像真的楼房,搭到七八层都不容易倒。

还可以让宝宝按自己的想象来搭积木,比如将方形积木与建筑积木合并,给主楼增加围墙、门楼、传达室等设备。爸爸可以给宝宝一点儿建议,或先做示范,使宝宝在爸爸的建议的启发下,进一步发挥创造力。

## 第二节 开发宝宝的右脑：热情待客有礼貌

### 训练宝宝的大动作能力

**攀登架**。以前宝宝只能登上3—4级的攀登架（或攀登网），现在宝宝可以登上1米或1米以上的攀登架。宝宝用双手握紧上面的横条，双脚可以向上攀登。攀登架有各种形状，有弧形、梯形、口字形、方格子形等。有些大型攀登玩具与钻桶结合，让宝宝们攀登上去后，经过钻桶、吊桥、弯曲的通道最后滑入球池。2岁的宝宝可以跟着大哥哥们攀登，让他们领着走。不过这种大型的玩具必须有适当的开口，让父母可以随时帮助走不出来的宝宝。但开口处要有安全设施，防止宝宝从开口处掉下来。

宝宝攀登这种大型攀登架应当分步进行，第一次先攀一小段，攀熟了第一段再攀第二段。在每段开口处把宝宝接下来时，要特别注意后面宝宝的安全，要马上将开口关好。一般公共游乐场的攀登架为了安全，不让中途开口，所以2岁的宝宝暂时不宜进入公用大型攀登架，只能在有教学目的的小型攀登架上活动。

**追泡泡**。妈妈用肥皂水在院子里吹泡泡，让宝宝追着泡泡跑。妈妈也一面吹一面跑，使宝宝在院子里来回奔跑，以锻炼身体。宝宝每天应在户外活动两小时以上，如果没有一定的目的，在户外则难以达到较大的运动量。

**投篮**。爸爸同宝宝在户外练习投篮,把篮筐吊在离宝宝头顶25厘米处。爸爸站在篮下捡球,把球传给宝宝,宝宝离篮筐约1米,可以跑两步跳起来投篮。如果宝宝投篮有困难,可以把篮再放低10厘米,如果宝宝十分顺利,则可把篮提高10厘米。

让宝宝练习的球不宜过大,用直径10厘米左右的皮球即可,不宜用成人用的篮球。投篮是一种全身的运动,要接球、跑、跳和瞄准,既可练习身体的灵活性,也可练习手眼协调的能力,是培养感觉统合的方法之一。从2岁起宝宝们可经常练习。

**跳过河**。父母可用一条毛巾放在地上当作河,让宝宝从毛巾的一侧跳到另一侧,不许踩到毛巾。开头把毛巾叠成10—12厘米宽的长条,宝宝顺利跳过后,妈妈将毛巾弄宽至15—17厘米。如果宝宝顺利跳过,妈妈把毛巾弄成20厘米宽。如果宝宝踩到毛巾,就算是掉到了"河里",妈妈要把宝宝"救"出来,再把"河"调窄一些。妈妈要记录下宝宝能跳过的宽度,做下次比较之用。

**拍皮球**。妈妈同宝宝一起练习拍皮球,一面拍一面数数,看谁拍得多。拍皮球需要拍得正,球才能往正上方反跳,如果拍得不正,在右方用力,球会反跳到左方,就会来不及再拍。所以妈妈可以舒舒服服地坐着拍皮球,而宝宝却总是跑来跑去也拍得不多。此外拍球的力量也要均匀,每拍一下用力都一样,球跳的高度也一样,才能拍得多。宝宝要像妈妈那样,心态平稳地慢慢拍,渐渐学会拍皮球的窍门,宝宝掌握要领之后才渐渐拍得多起来。拍皮球能让毛毛躁躁的宝宝踏实起来,是动中求静的一种练习。

### 训练宝宝的适应能力

**训练宝宝自然观察能力**。带宝宝上公园，可是宝宝认知能力训练极好的机会。一进门就可以问："宝宝你看，这棵树和那棵树，哪棵高一些？哪棵离我近一些？""花是什么颜色？""鸟在空中飞，那么鱼呢，鱼在什么地方？"

家长同宝宝一起去动物园或养殖园观看动物时，除了让宝宝了解动物的特点、习性、生活习惯外，要注意让宝宝知道动物的用途，为什么要养殖它们，例如养鸭能生蛋、鸭肉可食、鸭毛可以做羽绒衣服和被褥。鸭生活在有水的地方，可以吃水中的生物，到陆地上又可以吃菜叶和剩饭。不可以把鸭放在养鱼养虾的水塘里，否则鸭会把鱼苗虾苗都吃掉。鸭排出的粪便，可以用作庄稼肥料，也可以用来形成沼气。经过大人讲解，让宝宝逐渐积累知识。

**克制欲望**。宝宝的第一反抗期常在二三岁，因为宝宝有了欲望，但又不能清楚地表达自己的欲望，就会以哭、生气、大声叫喊或笑等来表示。首先，宝宝需要生理上的满足，如吃饱、喝足、睡好和生活安定。此外，宝宝还需要母亲的关爱，需要有人同他玩等。2岁的宝宝会妒忌，当要求不能满足时，自己又没有克服的能力，就会咬指甲、吸吮手指、玩弄生殖器、咬人等，并且容易尿床、妈妈要对宝宝倍加爱护，允许他有时撒娇，而不要冷落宝宝，还要经常同他游戏以满足他的需求。但同时要让他学会必要的忍耐和克制，因为只有这样才能适应渐渐长大所面临的环境。例如宝宝看到别人正在荡秋千，就拉着妈妈走到秋千旁边拉拉扯扯，妈妈懂得宝宝想荡秋千，要同他讲明等别人下来后才可以上去。妈妈可以同宝宝坐下来玩石头、剪刀、布，等别人下来再上秋千玩。

**自我中心**。宝宝看到别人的好玩具会伸手去抢，嘴里说："给我！给我！"被抢的小朋友会大哭起来。强壮的小朋友，便会使劲保护住自己的玩具，从而引起一场争斗。这时父母可能会想，为什么自己的孩子那么不争气？这是因为在家里所有的玩具都是宝宝的，所以在宝宝心目中"这些都是我的"是理所当然的。所有这时期的宝宝都是以自我为中心的，我的当然是我所有，我看到的也算我的，我喜欢的我也要。在宝宝的世界里，谁都要为我服务，我要太阳出来，我要花为我盛开等等。妈妈是我的，爸爸是我的，家也是我的，这种想法十分顽固，怎么办？

唯一的办法是让宝宝考虑别人，尊重别人。例如爸爸的书桌不能动，宝宝不许打开爸爸的抽屉拿东西。妈妈的柜子宝宝也不能打开，不让宝宝随便翻动妈妈的东西，学会尊重别人。在家里养成的习惯有助于日后与人相处。

当宝宝去商店、菜市场、超市时，妈妈更要告诉宝宝不可以拿商店的东西，拿到的一切东西都需要付钱才是自己的，才可以拿回家。在亲子园参加活动时，告诉宝宝所有的玩具都是亲子园的，用完应交给老师。别人拿来的玩具都是自己的，不可以抢过来，经过耐心的教导，宝宝能学会把抢来的玩具还给别人，并且不再动手抢别人的东西。

### 训练宝宝的社交行为能力

**让宝宝多和其他宝宝玩耍。**让宝宝接近陌生小朋友，积极鼓励他与各种年龄的人自由交往。培养他的社交能力其实就是在培养他的自信心。

**玩沙滩球。**先将沙滩球放掉一点气，然后爸爸妈妈和宝宝面对面分开1米左右的距离，相互传球。这个游戏可以两个人玩，也可以和许多人一起玩。这个游戏可以培养宝宝的协调能力、社交能力以及运动能力。

**当宝宝有进步的时候要具体表扬。**和宝宝相处时，父母经常寻找值得赞许的具体理由，用赞许的语言鼓励他，但不要空洞地表扬宝宝。可以说："宝宝知道自己小便了，有进步嘛。"不要说："宝宝你真聪明，妈妈好喜欢你。"具体的称赞给他自信，空洞的表扬会让他自大。

**重视自己对宝宝的许诺。**本来并不想带他去麦当劳，却随口答应他去，承诺了却不去实现。妈妈的失信让宝宝失去自信，也失去宝宝对你的信任。

**待客**。有小朋友来家做客，妈妈应有意识地让宝宝招待小客人，自己则招待大人。如果宝宝已经认识这个小朋友，宝宝会很乐意让小朋友到自己的玩具角来玩。宝宝会问小客人喜欢玩什么，一般女孩子喜欢布娃娃，宝宝会让她照料布娃娃，自己帮忙。男孩子喜欢车，能拉的车、会跑的车、会叫的车都是男孩子喜欢的玩具。安静的孩子喜欢积木和拼图，有些孩子喜欢看书，爱动的孩子喜欢球和户外的玩具。只要宝宝能陪同小客人在一起玩，待客就算成功。有些小客人不愿意离开妈妈，宝宝应把玩具拿过来，自己先玩起来，引起小朋友的兴趣，或者按妈妈的吩咐去做。宝宝会替客人拿食物、水果等，因为这些事奶奶来时宝宝曾经做过，并得到了奶奶的赞许，所以客人来时宝宝就会做得比较熟练。

如果宝宝有某件事做得不好，妈妈不能当面批评他，只能用手摸摸宝宝的脑袋示意他注意。妈妈应重点表扬宝宝待客时的优点，要他把这些优点保留下来，让宝宝越来越会招待客人。

**不再是妈妈的小尾巴了**。宝宝到了2岁半依赖性减少了，以前总是缠着妈妈，连上厕所都要跟着妈妈，像是妈妈的小尾巴。长大一些后，虽然见不到母亲，但是宝宝在心目中能感到妈妈的存在，知道爸爸、妈妈一直在保护自己。只要没有受到委屈，心情愉快时，即使母亲不在身边，宝宝也敢于一个人出去玩或单独和小朋友一起玩。在亲子园里，集体活动时，可以让妈妈暂时离开宝宝一会儿，渐渐让妈妈坐在后面或试试离开活动室到旁边的休息室坐坐。或者可以带宝宝来上课，课后才将他接回家，作好入幼儿园的准备。

不过每个宝宝的情况不同，有些独立性强的可以早一些离开妈妈，那些仍然缠着妈妈不放的宝宝，也不能强迫他离开妈妈。表扬能离开妈妈的宝宝，让更多的宝宝向他学习，参加合作性游戏能帮助宝宝较容易离开妈妈。

## 第三节 为宝宝左右脑开发提供营养：彩色食品别多吃

### 宝宝食谱安排原则

父母们历来十分关心的问题就是如何安排好宝宝的饮食。宝宝在两岁半左右，乳牙已陆续萌出，消化功能也日渐成熟起来，但咀嚼能力及消化吸收能力相对来说仍然较弱，所以食物应做到细、软、烂、碎。2—3岁宝宝的食谱安排主要有三个原则：

#### 1. 合理搭配营养素

宝宝在这时，主食应以烂饭为主，最好每周吃面食2—3次，做到米面搭配。荤菜主要是肉、鱼、蛋，但鱼、肉要去骨并切碎。另外，适当加些蔬菜、豆制品，以保证宝宝摄取到足够的维生素和矿物质。给宝宝喝牛奶也是一个很好的选择，既可以提供一定量的蛋白质，又可以补充矿物质，所以宝宝每天需要200—400毫升的牛奶。烹调食物所用的食用油应以植物油为主。

#### 2. 注意食物的色、香、味

给宝宝吃的食物不要投放过多味精。此外，还要让食物色香味俱全。硬壳果如花生米及松子仁之类的食物，有落入气道的危险，故不宜给宝宝食用。

### 3. 注意食物品种的多样化

为了防止偏食、挑食，保证宝宝全面摄入各种营养素，就要经常变换饭菜的花色品种，这样还可以提高儿童的食欲，一举两得。

## 宝宝不想吃饭的对策

令父母非常头疼的事就是宝宝不想吃东西，但一般说来不是宝宝故意要厌食的，父母应弄清楚宝宝厌食的原因。

在宝宝的食量上父母不可强求，要让宝宝在安静愉快的情况下进餐。如果在进餐过程中，给宝宝留下记忆的总是一些不愉快的事情，那么宝宝就自然会形成条件反射，表现出厌食现象。

随着生活水平的日益提高，不仅父母会给宝宝买零食，而且亲朋之间也习惯以各种精美的食物送给宝宝作为礼物，如鸡蛋卷、巧克力派、薯片等都是常见的食品。宝宝常吃零食使得血液中的血糖含量增高，导致没有饥饿感，在吃饭时间不好好吃饭，饿了又吃零食，从而形成恶性循环，致使宝宝产生厌食。此外，因不能吃到营养丰富的饭菜，如鱼、肉、蛋等，又会使宝宝体内缺锌，这也会与厌食形成恶性循环。锌在动物的卵中含量丰富，肝、瘦肉、鱼、蛋、干果中也都含有锌。宝宝服用锌剂要在医生指导下使用。因此，宝宝的零食一定要控制，不能随意吃，吃多了会有反面影响。

生病也会导致宝宝不吃饭。宝宝若经常感冒、拉肚子或患其他慢性病，就会因病尚未愈，或服用药物而引起厌食。此时，父母可和医生探讨改进治疗而增进食欲的方法。

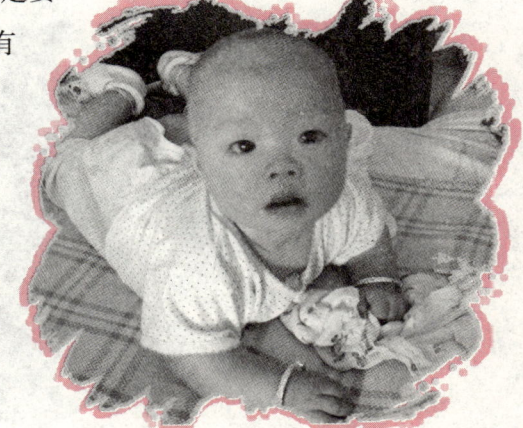

### 彩色食品不宜多吃

彩色食品所用色素虽小，但如食用过多，时间过长，就会使色素慢慢地积蓄在体内，可表现为：

1. 食用色素能消耗体内的解毒物质，干扰体内正常代谢功能，从而使糖、脂肪、蛋白质、维生素和激素等的代谢过程受到影响，孩子可出现腹胀、腹泻及消化不良等。

2. 合成色素积蓄在体内，可导致慢性中毒，如合成色素附着在胃、肠壁黏膜上易发炎或形成溃疡。附着于泌尿系统器官，易诱发尿路结石，损害肾功能。

3. 小儿神经系统发育未完善，对化学物质尤为敏感，如过多食用合成色素，影响神经冲动，容易引起好动或多动症。

因此，为了孩子的健康，家长最好不要给孩子购买彩色食品，或尽量少吃彩色食品。

## 第四节 适合宝宝左右脑开发的游戏：你拍一，我拍一

### 水中嬉戏

**游戏目的**

训练宝宝抓握能力。这个时期的宝宝已经可以用手抓握东西了，这个游戏可以提高宝宝的抓握能力、手部力量以及动作的灵活性。生活中的一切对宝宝来说都充满了神秘，宝宝的好奇心就是他探索知识的基础，多样化刺激可以促进宝宝探索欲的增强。

**游戏准备**

海绵一块、小塑料碗或桶一个。

**游戏步骤**

1. 宝宝洗澡时，给他一块海绵，浸入水中。

2. 待海绵吸足水后，让宝宝用手轻轻抓握海绵提起，移到小碗里，用力把水挤出。

3. 反复进行。

4. 还可以让宝宝比较干毛巾与湿毛巾在重量上有什么不同，感受水与物体的关系。

* 游戏提醒

1. 这个游戏最好是在夏季进行，既可为宝宝降温，又可让宝宝认识到海绵吸水的特性。

2. 无论什么季节，都要控制好室温、水温和游戏时间。

## 一个星期有几天

* 游戏目的

时间变化也是数学概念之一，通过一星期有7天的认识，能让宝宝有时间前进的感觉，并可理解星期一至星期五家长要上班，星期六、星期天才能放假，从而锻炼宝宝的左脑。

* 游戏准备

家长可以准备一张画好7个格子的纸张。

* 游戏步骤

1. 爸爸妈妈在不干胶贴纸上写出星期一至星期日的文字和图注，星期六、星期日可用星星表示。

2. 从星期一醒来就给宝宝一张贴纸贴在第一格，并提醒宝宝今天是星期一先贴第一张。

3. 星期二贴第二张、星期三贴第三张，以此类推，让宝宝有时间累积的感觉。

* 游戏提醒

到了星期六、星期天就可以给予宝宝不同颜色或造型的贴纸，让宝宝感觉这两天不太一样。

## 说悄悄话

### 游戏目的

记忆力训练。这个游戏一方面有助于宝宝听力的训练,另一方面,将听到的指令记住并传递给别人,又是一个强化记忆力的过程,可以提高宝宝有意记忆的能力。将听到的指令用语言传递给别人,是一个较为复杂的思维表达过程,对宝宝语言智慧的发展、与人交往能力的提高都是很好的锻炼。

### 游戏准备

家中安静的环境。

### 游戏步骤

1. 爸爸、妈妈分别到两个房间,爸爸在宝宝耳边轻轻说:"告诉妈妈,爸爸要一本书。"

2. 宝宝来到妈妈身边,将爸爸的话小声告诉妈妈,妈妈按照宝宝的要求把所需物品交给宝宝。

3. 宝宝拿回的东西如果是正确的,爸爸不要忘了夸奖宝宝,然后换一个要求,重新开始游戏。

4. 宝宝拿回的东西如果是错误的,则要告诉宝宝:"这不是爸爸刚才要的东西。"然后再将要求小声重复,让宝宝再去告诉妈妈。

### 游戏提醒

游戏要注意由易到难,多给宝宝成功的机会。

### 认识光与影

#### 游戏目的

增长知识。通过游戏，宝宝不仅对光与影的因果关系有了初步思考，还增长了自然知识，提高了语言表达能力。凡事喜欢问问"为什么"，并努力去寻找答案，可以培养较强的逻辑思维能力及严谨的学习态度。

#### 游戏准备

阳光灿烂的日子带宝宝到户外。

#### 游戏步骤

1. 站在阳光下，让宝宝观察一家人的影子，说说每个人影子的大小，以及为什么。
2. 让宝宝跳一跳，看看自己的影子有什么变化。
3. 让宝宝左右晃一晃，看看自己的影子有什么样的变化。
4. 找一个阴凉处，问问宝宝影子为什么不见了。
5. 引导宝宝说出影子与太阳的关系。

**游戏提醒**

1. 宝宝还小，在阳光下的时间不宜过长，注意适当给宝宝补充水分。
2. 可以利用一天里的不同时段做这个游戏，观察影子发生的变化。

### 看一看，猜一猜

#### 游戏目的

提高宝宝的语言表达能力。随着宝宝年龄的增长，宝宝已经掌握了一些生活常识，这个游戏可以锻炼宝宝的语言表达能力和想象力，促进其语言智能的发展。随着能力的增长，宝宝会开始喜欢各种挑战，并且在挑战中获得自信和对自己能力的判断，提高自身的适应能力。

**游戏准备**

一些日常生活用品，如杯子、毛巾等。

**游戏步骤**

1. 妈妈做洗脸动作，拿起毛巾假装擦脸。

2. 让宝宝猜一猜妈妈在做什么，并且用语言表述出来。

3. 如果宝宝猜对了，妈妈可以接着表演"喝水"，把杯子放在桌上，拿起来喝，假装不小心把水洒在桌子上了，用抹布擦桌子，请宝宝猜一猜妈妈在做什么。

4. 让宝宝表演动作，妈妈来猜。

**游戏提醒**

1. 妈妈要根据家庭生活的实际情况来设计情节，不要选择宝宝不熟悉的情景。

2. 如果宝宝一时猜不出，妈妈可适当增加一些提示，比如表演"开车"时，可以模拟汽车"嘀嘀"的声音，降低游戏难度。

## 你拍一，我拍一

**游戏目的**

训练宝宝的动作配合能力。这个游戏可以锻炼宝宝与妈妈动作配合的协调能力，也是训练宝宝对他人行为作出积极回应的反应。现代社会的人际交往中，合作已经成为一个重要内容，没有合作意识和能力的人会被社会淘汰。独生子女之间往往不会合作、难以合作，所以合作能力的培养就愈显重要。

### 游戏准备

妈妈先熟练掌握儿歌内容。

### 游戏步骤

1. 妈妈面对宝宝,伸出双手。

2. 边念儿歌边拍手,妈妈先拍一下自己的手,然后伸出右手(左手)拍宝宝的右手(左手)。

3. 说到每句的最后一句时,按照儿歌的内容做相应动作。

附:儿歌《拍手歌》

你拍一,我拍一,一个小孩开飞机;

你拍二,我拍二,两个小孩梳小辫;

你拍三,我拍三,三个小孩吃饼干;

你拍四,我拍四,四个小孩写大字;

你拍五,我拍五,五个小孩来跳舞。

### 游戏提醒

1. 妈妈要控制好自己的动作,开始时要轻要慢,再逐渐加快力量和速度。

2. 妈妈一定要有耐心,必要时可以先主动伸出手去拍宝宝的手,慢慢地引导宝宝按规律出手。

3. 儿歌的内容可以随机来编,宝宝熟悉以后,也可以鼓励宝宝自己编儿歌。

## 手指一起弯弯腰

### 游戏目的

训练宝宝的手部小肌肉的灵活性。这个时期,宝宝的语言能力和动作能力都在不断发展中,开始有了节奏感,这种富有节律的游戏可以让宝宝感受节奏、发展小肌肉动作。通过游戏可以同时帮助宝宝认识五个手指和比较它们之间的不同，提高宝宝自我认知能力，增强自信心。

### 游戏准备

一些不干胶小贴画。

### 游戏步骤

1. 在宝宝的手指上分别贴上小熊维尼、小兔瑞比、跳跳虎、驴子屹耳、小猪皮杰的不干胶贴画。

2. 把小手伸出来，跟着儿歌一起活动吧！

3. 一边唱歌谣，一边动动手指："维尼维尼弯弯腰，瑞比瑞比弯弯腰，跳跳虎跳跳虎弯弯腰，屹耳屹耳弯弯腰，小猪小猪弯弯腰，一二三四五，大家一起弯弯腰。"

4. 每个手指弯曲后都要马上伸直，念到最后一句时，可以让宝宝的手指多弯曲几次。

5. 还可以用水彩笔在手指上写上数字，把歌谣改成："老大老大弯弯腰，老二老二弯弯腰，老三老三弯弯腰，老四老四弯弯腰，老五老五弯弯腰，一二三四五，大家一起弯弯腰。"

### 游戏提醒

1. 动作要有节奏。

2. 游戏后要及时把手洗干净，游戏时也要提醒宝宝不要把手指放进嘴里。

## 做个热情的小主人

### 游戏目的

掌握基本社交规则。这个时期的宝宝已经具有了初步掌握基本社交规则和礼仪的意识与能力，这个游戏可以帮助宝宝掌握基本社交规则和礼仪，并通过成人的积极反馈得到巩固和加强。有意识地加强宝宝的独立意识,可以挖掘其潜在的领袖才能,有助于宝宝成长为杰出的人才。

### 游戏准备
厨房玩具一套或其他的小杯、小碗等。

### 游戏步骤
1. 妈妈和宝宝一起玩"做客"游戏,妈妈扮成客人,到宝家做客。
2. 妈妈模拟敲门声,对宝宝说:"你好,我到你家来做客。"
3. 请宝宝根据情节来招待客人,在游戏中说"你好"、"请喝茶"、"在我家里吃饭吧"、"不客气"、"再见"等礼貌用语。
4. 还可以邀请别的小朋友到家里做客,妈妈给宝宝做示范,让宝宝来招待小客人。

### 游戏提醒
1. 妈妈可以根据宝宝熟悉的事情,随机变换游戏内容。
2. 游戏中,妈妈可有意识地渗透一些礼貌用语,使游戏更富于教育内涵。

## 堆雪人

### 游戏目的
增强宝宝体质。雪后空气清新,最适合进行耐寒训练,通过游戏可以提高宝宝免疫力,增强体质,减少宝宝感染疾病的概率。与大自然亲密接触,可以开发宝宝的想象力,提高动手能力,使宝宝的身体和心理潜能都得到较好开发,并培养出乐观积极的品格。

### 游戏准备
玩沙玩具、石头、胡萝卜、一些松树枝。

### 游戏步骤
1. 下雪的日子带宝宝到户外玩,让宝宝用平时的玩沙工具玩雪,想怎么玩就怎么玩。

2. 妈妈滚一个大雪球当雪人的身子，再滚一个小一点的雪球当雪人的头。

3. 让宝宝用石头做雪人的眼睛，胡萝卜做雪人的鼻子，再找一些松树枝做雪人的头发。

4. 让宝宝自由想象，妈妈帮助宝宝来完成雪人。

**游戏提醒**

冬季外出玩雪的时间不宜太长，以免宝宝着凉。

## 上下分得清

**游戏目的**

学习和理解方位概念。在上、下、左、右等基本方位中，宝宝对上和下的方位理解相对比较容易，这个游戏，通过让宝宝摆放物品，并结合语言和动作来理解上和下的概念。准确理解他人是宝宝语言智能发展到一定水平的体现，理解能力的提高也有助于与他人的配合与协作。

**游戏准备**

各种颜色和形状的积木。

**游戏步骤**

1. 让宝宝随意搭积木。妈妈可以指着积木问宝宝哪种颜色和形状的积木在哪个位置，如"黄色三角形积木在红色长方形积木上面还是下面"、"绿色方形积木下面是什么"，等等。

2. 妈妈让宝宝按照指令把积木搭起来。如"把红色长方形积木放在黄色三角形积木下面"、"把两个方形积木放在半圆形积木下面"，等等。

3. 把宝宝的玩具按照上下左右摆开，让宝宝说说谁在谁的上面，谁在谁的下面，谁在谁的左边，谁在谁的右边。

> **游戏提醒**

开始的时候宝宝观察到的和表达出来的可能不一致,即使他真说错了或做错了,妈妈也不要着急,而是要给予充分肯定,让宝宝能够准确地掌握方位概念。

## 跑过来跑过去

**游戏目的**

提高宝宝体能。有目的地奔跑,可以锻炼宝宝的奔跑技能和水平,提高宝宝的运动兴趣,锻炼身体,提高体能。

**游戏准备**

爸爸、妈妈带上宝宝去郊游。

**游戏步骤**

1. 选择林中空地,让宝宝自由地滚爬、奔跑、追逐。
2. 让宝宝选择一棵大树,以此为终点,跑过去,摸一下大树,再跑回来。
3. 妈妈和宝宝比赛,一起跑过去,看谁先跑回来。
4. 以大树为终点,还可以玩龟兔赛跑游戏,宝宝和爸爸分饰角色,扮成小白兔的跑到半路睡觉了,乌龟坚持爬,一直爬到大树下,成为优胜者。

> **游戏提醒**

爸爸妈妈要经常带宝宝去接触大自然,可使宝宝视野开阔、心情舒畅、身体健康。花、草、树、虫、鸟是宝宝喜爱的观察对象,树叶、树枝以及泥、沙、石、水是宝宝永远玩不厌的天然玩具。

## 第五节 28—30个月智能开发效果测评

### 28—30个月宝宝的智能测评

1. 认识圆、方、三角、长方、椭圆及半圆形：

   A．5种（12分）　　B．4种（10分）

   C．3种（7分）　　D．2种（5分）

   以10分为合格

2. 哪边多（1∶3）（2∶3）（3∶4）（3∶3）：

   A．对4种（12分）　　B．对3种（10分）

   C．对2种（7分）　　D．对1种（5分）

   以10分为合格

3. 认颜色：

   A．5种（5分）　　B．4种（4分）

   C．3种（3分）　　D．2种（2分）

   以5分为合格

4. 为已打开搅乱的6个大小不同的瓶子盒子盖盖：

A. 6个（6分）　　　　　B. 5个（5分）

C. 4个（4分）　　　　　D. 3个（3分）

以6分为合格

5. 学画十、廿、卅、〇：

A. 3种（6分）　　　　　B. 2种（4分）

C. 1种（2分）（画正方形加3分）

以4分为合格

6. 砌积木搭高楼：

A. 15块（10分）　　　　B. 10块（8分）

C. 8块（6分）　　　　　D. 6块（4分）

以10分为合格

7. 搭盖金字塔：

A. 底5块（5分）　　　B. 底4块（4分）　　　C. 底3块（3分）

以10分为合格

8. 捏面团模仿做条、球、碗、盘、不倒翁、兔子：

A. 5种（10分）　　　　B. 4种（8分）

C. 3种（6分）　　　　　D. 2种（4分）（自己创造构形加3分）

以10分为合格

9. 礼貌用语"谢谢"、"请您"、"您早"、"您好"、"再见"、"晚安"、"对不起"、"没关系"、"不必客气"、"您走好"：

A. 8种（12分）　　　　B. 6种（10分）

C. 4种（8分）　　　　　D. 2种（6分）

以10分为合格

**10. 分清我的、你的、他的、大家的、×××的：**

A. 5项（10分）　　　　B. 4项（8分）

C. 3项（6分）　　　　D. 2项（4分）

以10分为合格

**11. 捉迷藏：大人藏孩子找，孩子藏大人找：**

A. 会变化着躲藏（5分）　　　　B. 变化着寻找（4分）

C. 在大人藏过的地方藏身（3分）　　　　D. 不敢玩（0分）

以5分为合格

**12. 猜谁在讲话（爸、妈、奶、爷、姨、叔、生人）：**

A. 辨认6人（5分）　　　　B. 认5人（4分）

C. 认4人（6分）　　　　D. 认3人（2分）

以5分为合格

**13. 学洗脸（洗五官）漱口（漱牙缝、漱咽、吐出）：**

A. 全正确（5分）　　　　B. 漏洗五官（4分）

C. 将水吞下（3分）　　　　D. 大人帮洗（0分）

以5分为合格

**14. 钻入比自己矮的洞（爬入或弯腰）：**

A. 不碰头（5分）　　　　B. 碰后进入（4分）

C. 进不去（0分）

以5分为合格

**15. 接反跳的球：**

A. 3次中2次（5分）　　　　B. 3次中1次（4分）

C. 追球（3分）（接住抛来的球，加3分）

以5分为合格

**16. 骑三轮车：**

A. 直走转弯（7分）　　　B. 直走（5分）

C. 大人扶把会骑（3分）　D. 大人推着车走（1分）（骑得快加2分）

以5分为合格

### 结果分析

1、2、3题测认知能力，应得25分；

4、5、6、7题测手的精巧，应得30分；

8、9题测语言能力，应得20分；

10、11题测社交能力，应得15分；

12题测自理能力，应得5分；

13、14、15题测运动能力，应得15分，共可得110分，总分90—110分为正常范围，120分以上为优秀，70分以下为暂时落后。哪道题在及格以下，可先复习上月相应试题，通过后再练习本月的题。哪道题在优秀以上，可跨月练习下月同组的试题，使优点更加突出。

♥ Part 9

## 宝宝31—33个月：古灵精怪问题多

## 第一节 开发宝宝的左脑：儿歌、诗词记得牢

### 训练宝宝的语言能力

**提问。**爸爸给宝宝讲故事，故事讲完了，马上问："如果小马找不到草怎么办？"让宝宝去替小马想办法，宝宝可以做各种设想，如把它带到动物园来，把它送到马戏班去，带它到养马场，买些草料给它吃等等。在故事的任何段落都可以提问，甚至宝宝回答后也可以再提问。当宝宝说把小马带到动物园或马戏班时，爸爸可以再问："如果小马的妈妈找它怎么办呢？"爸爸要让宝宝想到一些比较全面的解决办法，引导宝宝既要同情小马，也要兼顾小马想妈妈的情感。

经常向宝宝提问，会激发宝宝的想象力，使他将问题与曾经见过的和听过的事物产生联系。宝宝不可能去过很多地方，但可以通过看电视、看图书、看画报知道外面的世界。见闻越广，联想的范围越大。

**读书。**宝宝拿起一本过去妈妈经常朗读的书，大声朗读起来。其中有些字宝宝认识，大部分字宝宝并不认识，他完全靠着图和记忆把每一句话读得非常流利。妈妈从句子中随便点一两个字，宝宝按着记忆数着每一个字居然把字正确地读出来了。妈妈赶快把这个字写到生字卡上，拿开书让宝宝再认。用这个方法宝宝一口气认读了10个字，在认读时宝宝都完全记得。因为宝宝熟悉这个故事，这些字在故事中出现过多次，只要一提醒，

宝宝马上就能记住。

**对儿歌、唐诗感兴趣。** 2岁半后，宝宝会特别喜欢跟着别人背诵儿歌和唐诗。有些宝宝能把整本精选的唐诗集全都背下来，不过他们并不完全理解儿歌或唐诗的意义，所以背会的儿歌或唐诗到上学时基本上忘光了，难怪有些人认为学了也没有用。3岁前的印象遗忘称为"婴儿遗忘"，很少有人能记得3岁前的事，只有特别高兴或特别悲伤的模糊印象留下一点点。不过宝宝会背诵的诗歌就算忘记了，经别人一提醒就会马上记起。父母可以重点提醒几首较普遍的诗歌让宝宝多次回忆，经过多次反复背诵，过了4岁就能存入永久记忆中。2岁时学会的诗歌其韵律是存在于右脑中的，有了这种韵律的印象，以后再学押韵的诗歌会感到容易和亲切，所以这一时期是培养文学兴趣的奠基时期，对诗歌的背诵不会无用的。

**看图书猜故事。** 家里有些故事书是父母看了给宝宝讲故事用的，字又多又难认，宝宝不可能看懂。但是有时宝宝也抢着要看，宝宝能看懂图画所表达的意思，他会一面看，一面把自己对图画的理解讲出来。这时爸爸妈妈应鼓励宝宝看图讲故事，让他讲完，然后父母看书再讲一次，宝宝讲得对的父母要表扬，父母要补充讲述没有用图表示的部分。宝宝经常看图讲故事可以锻炼想象力，应当鼓励。

## 训练宝宝的精细动作能力

**乒乓球大转移。** 地上放着一个盛着乒乓球的篮子，家长和宝宝各拿一种工具（如勺子、筷子）把乒乓球捞起，运到对面的篮子里，3分钟结束后，篮子里的乒乓球多者胜。这可以锻炼宝宝精细动作能力、协调能力及控制能力，家长参与其中，还可增进亲子关系。

**钓鱼游戏。** 准备一根细木棍或长筷子，在一端拴上绳子，绳子的一端拴上一块磁铁，再用硬彩纸或废挂历纸剪出小鱼的形状，在小鱼的身上别上曲别针，就可以玩钓鱼的游戏了。妈妈随意发出指令："宝宝，请你钓一条大鱼，钓一条小鱼，宝宝现在钓了几条鱼了？"也可以让宝宝随意钓鱼，还可以和妈妈进行钓鱼比赛。

刚开始游戏时，小鱼身上可以多别一些曲别针，方便宝宝能够马上钓上来；随着游戏的熟悉，曲别针可以越放越少，增加游戏的难度，使宝宝的精细动作得到锻炼。

**剪纸条。** 妈妈拿来许多旧报纸，让宝宝用剪刀练习剪纸。可以按着字行学剪直线，也可以按着边角学剪直角。目的是让宝宝熟练地拿剪刀，能按着线将报纸剪成直的纸条。因为宝宝是初学，不能要求他将纸条剪得很细，能剪3—4厘米宽的纸条就行。鼓励宝宝用剪刀多练习，练习得越多，用剪刀的功夫才越会有进步。

注意：要用塑料剪刀，妈妈要在旁边照料好宝宝，否则会有伤手指的危险。

**穿线玩具。** 在各种穿线玩具中，洞越大越容易穿线。有一种虫吃苹果的玩具，虫有3厘米长，带着一根粗线，每个洞的直径有0.6—0.7厘米。宝宝很容易就能将虫穿进所有的洞，初学穿线的时候可以用这种玩具来练习。穿线不要用

针，以免伤到宝宝，要直接用尼龙线穿进玩具的洞中。2岁宝宝只能用简单的、洞不太多的玩具。如果当地买不到，父母可以用打孔机自己设计，自己打孔，用一条尼龙线或纸绳让宝宝学会穿洞，或用其他类似的玩具练习穿线。

**组合和拆装。** 乐高玩具适合于2岁半以上的宝宝，父母可以让宝宝从简单的做起，如将方形的块叠起来，因为每块的下面都有接口，很容易同

另一块套上。乐高玩具与积木不同，有了接口就不容易掉下来。所有乐高玩具的接口都相同，如果第一次买的是方形的，第二次又买长方形或搭房子的，两套就可以互相连接，搭出来的花样就会增加。宝宝可以照图纸来组合，也可以自己任意组合。父母应该随时观察，如果发现宝宝有了新的造型，可以拍照片作为纪念留档。

硬塑料中有许多玩具都是组合用的，有管状插塑、有片块状的插塑或专门做动物的插塑等等。宝宝先仔细看做好的成品，最好分部分来拆开再装上，不宜全部拆开，否则拆开后安装不上会产生挫折感。

如果分部拆开，分部安装，有了部分的成就，宝宝就会有进一步解决困难的勇气，就能达到最后全部拆开，从头安上的目的。

**按图形撕纸**。妈妈用粗针在几何图形的轮廓上扎洞，让宝宝小心地按着针孔把纸撕开，出现几何图形。为了练习，先让宝宝练习撕开用针扎的纸条，学会了撕开纸条后才能顺着针孔撕出几何图形。因为宝宝是初学者，妈妈准备的几何图形直径应大于7厘米，最好用一些结实的纸，如一些旧的挂历、旧的硬打字纸等。如果纸太薄就容易被撕破。先让宝宝学撕圆形、椭圆形、半圆形，再学撕正方形、长方形、梯形，最后学撕三角形和菱形。宝宝在撕形状时尤其是到了边角的地方要十分小心，不能撕破边角。让宝宝学会小心仔细做事，既能延长专注时间，也能练习手的精巧度。

### 训练宝宝的数学逻辑能力

**摆餐具学数数**。平时一家三口吃饭，宝宝会拿3个碗，3双筷子。宝宝拿筷子时总是一次拿一双，拿3次。如果奶奶来了，吃饭时宝宝会拿4个碗、4双筷子。有时爷爷也来了，宝宝要拿5个碗、5双筷子。筷子拿多了，宝宝会拿着一把筷子逐个数，或者每两根在一起一双一双地数。所以让宝宝摆餐具是一种学数数的自然过程。

饭后分水果更是宝宝爱干的活儿，宝宝最喜欢跑进厨房拿水果。如果有大个的橘子，他就给每人拿一个。有时橘子太小了，可以给每人拿两个，宝宝又要数数了。妈妈鼓励宝宝做家务，从中不但可以学数数，还可以养成做事勤快麻利、负责到底的习惯。

**写数字取物**。妈妈先让宝宝用塑料数字摆出双数，从2一直摆到10。然后用铅笔学写这些双数的数字，注意写8时不可以用两个小圈连起来，要一笔转写下来。再让宝宝练习听写数字然后取物，把妈妈说的数字先写下来，然后按数取物。可以用积木、珠子、红枣、花生等，按双数从2排到10。宝宝写字时只顾写字并不知道这个数字代表多少，等到取物时，才发觉2只有两个，6就多了许多，10就真是很多了。

**用数数器数数**。爸爸可以给宝宝买一个数数器，让宝宝一面数数一面拨珠子，慢慢数慢慢拨，要求口说的数与数数器上的数目相符。2岁半的宝宝手的动作比口慢，经常口说过了手还未拨。父母每天让宝宝练习几次，记录宝宝手口对应的最大数，作为以后点数的记录。

**数共有几个**。妈妈把一些东西放成4堆，如西红柿1个、玩具汽车2辆、苹果3个、辣椒4个。让宝宝从1个数起，看宝宝是否数得清楚，数数后能否说出总数。如果宝宝能数清，可以奖励他一块饼干。这个游戏每隔几天可以重复一次。

## 训练宝宝的视觉空间能力

**摆玩具看谁不见了**。第一次先摆3个玩具，如小鸡、狐狸和狗熊，可以让宝宝随意安排玩具的摆法，让宝宝转身背对玩具，妈妈拿走1个玩具，让宝宝转过身来面对玩具，看他是否知道刚才妈妈拿走了什么。再玩一次后，摆4个玩具，增加一个小鸡，让宝宝自己给玩具排队，宝宝转身后妈妈又拿走1个玩具，再让宝宝转过身来面对玩具，看他是否知道刚才妈妈又拿走了什么。如果2次都猜对了，就再增加1个玩具如皮球，让宝宝继续猜,直到宝宝不能连续2次猜对为止。

这是训练宝宝的记忆力的方法,有些宝宝能记住4个,有些能记住5—6个。妈妈可以做一个记录,过了3岁再玩一次比较一下。

宝宝自己摆,他会有一个顺序的方位记忆,比别人摆的更容易记住。

**找红花。**妈妈在桌子上放两朵红花,在沙发下放一朵红花,在茶几下放两朵红花,在茶几上放一朵红花让宝宝找。宝宝找到后,妈妈引导宝宝说出"桌子上、茶几上、沙发下面、茶几下面"。

**去奶奶家。**去奶奶家时,父母走在后面,请宝宝带路。如乘哪一路公共汽车,哪一站下车,往哪边走,走进哪一个胡同,走进哪一个房子或楼房的几门、几楼、几号,或如何上电梯,按几楼的键等,看宝宝是否知道。经常去的地方宝宝应当完全认识路,如果宝宝仍不能带路,就要放手让他练习几次,越有机会练习,认路的能力就越强。

## 第二节 开发宝宝的右脑：听着音乐学跳舞

### 训练宝宝的大动作能力

**钻洞训练。**在家庭内利用写字台的空隙或将床铺下面打扫干净让宝宝练习钻进去或利用大的管道。钻洞时必须四肢爬行，低头或侧身才能从洞中钻过。宝宝在钻进钻出的同时，锻炼了四肢的爬行和将身子和头部屈曲的本领。四肢轮替是小脑和大脑同时活动的练习。

**骑脚踏三轮车。**宝宝先学习向前蹬车，家长在旁监护，尽量少扶持，熟练之后，自己会试着左右转动和后退。双足同时踏进，配合双手调节方向，身体依照平衡需要而左右倾斜。这些都是很重要的协调练习。2岁半到3岁的宝宝由于平衡的协调能力差，骑脚踏三轮车更为安全。在会骑脚踏三轮车的基础上，还要让宝宝熟练骑三轮车的技能：如会骑车走直路，会拐弯，遇到障碍物会停车等，练习驾驶平衡和四肢协调。

**模仿动作。**妈妈做动作让宝宝模仿。妈妈可以在头上举起双手，蹲下再站起时，双手在身体前方平举然后放下。再在头上举起双手，向前弯腰，指尖触地，再站起时，双手又在身体前方平举然后放下，连做四次，然后原地跳跃七次停止。这是腰和膝的锻炼，能使宝宝体态优美。

### 训练宝宝的适应能力

**时间感知能力训练。**相对于空间感知，时间知觉难度大一些，因为时间是无形的，看不见，摸不着。但时间知觉一定得通过训练让宝宝逐步掌握。可以从最直接的开始教，比如："今天我们吃了早饭以后上街去玩。""等一会儿，我来帮你。"这个一会儿是什么概念，家长可以真的过了一会儿就来到宝宝身边，然后强调："宝宝，爸爸这不是一会儿就来了吗？"宝宝明白了"一会儿"就是这个意思。接下来，可以告诉他，今天、明天、昨天的概念，还有上午、下午的概念。

**维护宝宝的自尊心。**爸爸妈妈不能当着宝宝说宝宝的不是。有些宝宝说话迟，妈妈见宝宝不会称呼大人，觉得不礼貌，随口说："我家孩子太不懂事了。"宝宝失去面子，只好将错就错，以后更不会称呼大人了。凡是宝宝的缺点最好不提，尤其是不要当着别人面说。宝宝一时做错了，只在妈妈和宝宝之间讨论，宝宝知错就算了，不能成天唠叨，更不能留作老账来算。

**好孩子是夸出来的，绝不是骂出来的。**父母数落宝宝等于伤害他的自尊心，让他感到一无是处，失去信心。夸宝宝的好处是树立起宝宝的自尊，宝宝感到"我能行"才有信心去做，就会越做越好。

### 训练宝宝的社交行为能力

**学会等待。**对宝宝合理的要求，不要马上满足，而是故意增加一点附加条件，因为人的一生有许多时候都得等待和忍耐。这种品质非常重要。

**教宝宝从小认可自己的长相。**比如告诉他虽然他不是大眼睛，但小眼睛只要有神就很好看。很多不自信往往源于对自己相貌的不认可。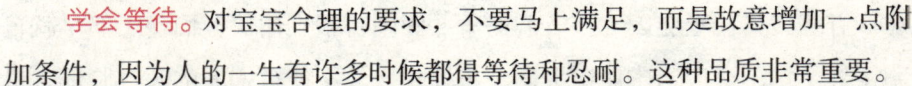

**尽量让宝宝在生活中脱离依赖。**去亲子园要准时，争取让闹钟叫醒他而不是妈妈一遍遍呼唤。生活能自理的宝宝才能在没有依靠的处境中充满自信。

**不用辱骂来惩罚宝宝的过错。**辱骂不仅打击宝宝的自信，还让宝宝产生逆反心理。

**捉迷藏。**以前宝宝同妈妈捉迷藏，现在除了妈妈之外，也可以同别人捉迷藏了。宝宝暂时只会同一个人玩，还未适应同许多人一起玩。

宝宝开始只会躲在别人躲过的地方，后来看见别人躲的地方经常不同，有许多变化，自己也开始想找一些特别的地方，如窗帘或门帘后面、桌子或床底下等等。在户外，宝宝可在花丛中、灌木围墙后或大树后绕着走让人看不见。宝宝能记住妈妈的教导，不躲在危险的地方，如果对方找不着自己，宝宝可以发出一点儿声音让别人能找到自己。这时期的宝宝愿意找哥哥、姐姐捉迷藏，因为比自己大的孩子主意多，更好玩一些。宝宝还未学会容忍较小的孩子，同比自己小的宝宝往往玩不起来。

**打架。**宝宝们经常为了一点小事而争斗，同龄孩子会大打出手，妈妈只需把他们轻轻拉开，给宝宝玩具，转移他们的注意力，或者换个环境他们就会忘了刚才的不愉快，谁也不会记仇。几乎所有的孩子都曾经打过架，男孩子们打架会更多些。

孩子们从打架中得到经验，所谓"不打不成交"，通过打架知道自己的实力。不能用打的办法取胜，宝宝就会灵活地躲开。有些宝宝看见躲不过就会大声叫唤让别人来帮忙，把本来要打人的宝宝吓跑了。

有些身强力壮的宝宝喜欢自告奋勇地去帮助弱者，渐渐成为小伙伴中的头头，被打的宝宝自然成为随从，这样就形成小朋友当中的小社会。所以父母们不可能完全禁止孩子们打架，更没有必要参与进去理论谁是谁非。有些父母甚至会因为孩子们的争斗而闹得很不愉快，而孩子们早就言归于好了。不过应当告诫宝宝们不可以伤人，不能打别人的头、脸部，更不能伤到别人的眼睛，被打的人会痛的，只能吓唬他们，千万不能出手太狠。

### 训练宝宝的音乐能力

**听音乐跳舞**。妈妈同宝宝一起,打开录音机自由跳舞。二人按着节拍随意跳动,抒发心中的快乐情绪。例如播放施特劳斯的《蓝色多瑙河》,妈妈可以自己跳,也可以拉着宝宝的双手一起跳,宝宝会跟着妈妈的动作学习,慢慢就会合得上妈妈的脚步,学会跳三步的华尔兹。宝宝在有节律的全身运动中受到音乐美的熏陶。

**敲击木琴**。木琴是最简单的乐器,宝宝可以在木琴上敲出自己会唱的歌。现在有不少带有琴的玩具,多数有一组或两组琴键。宝宝可以先学弹自己会唱的歌,妈妈同宝宝逐句练习,在弹琴时,首先要把歌变成谱。虽然写不下来,但嘴里会唱出谱才能在琴上找到位置。音乐能力良好的宝宝能把自己会唱的歌用谱唱出来,而且在简单的木琴上弹出一两句,这种能力实在不简单,父母应当鼓励。经过艰苦的努力,宝宝终于弹出一首四句的歌来。

**轮唱**。开头爸爸和宝宝一起学唱:"两只老虎,两只老虎,跑得快,跑得快。一只没有眼睛,一只没有尾巴,真奇怪,真奇怪!"等到宝宝学会后,爸爸同宝宝唱到第二句"两只老虎"时,妈妈从头插入,爸爸陪着宝宝一直唱完。让宝宝体会什么是轮唱。如果宝宝一直能唱到底,爸爸可以在宝宝唱完第二句"跑得快"时插入,成了三个人的三部合唱。如果宝宝不能坚持,爸爸陪同宝宝唱一个声

部,妈妈自己唱第二声部,成为好听的二重唱。

让宝宝学习轮唱,要求宝宝坚持自己的声部,不要随声附和。但同时又要求宝宝能与人合作,使声音成为好听的和声,而不是吵吵嚷嚷的噪音。

**模仿哼唱名曲。**爸爸、妈妈同宝宝一起,哼唱名曲当中的段落,让宝宝区分哪一段是什么内容,而且猜一下这一乐句演奏时,所要表达的意思是什么。爸爸讲故事时只讲大概的情节,不能讲述每一乐句的内容。让宝宝一面听一面理解。

这一活动的目的是作进一步详细地分析,让宝宝产生音乐的想象力。这种想象力是将来音乐即兴创作的源泉。宝宝先学习理解,通过理解产生联想,才可能有自己独特的创作思想。如同国画的学习,开头只是按图临摹,临摹多了,学会一般的表达方法后,才可能创作出与前人不同的绘画。临摹是一个积累过程,音乐欣赏也是一个积累过程,不但要积累同一个作家的不同作品,还要积累其他作家的作品,分析比较后,才能产生自己总结出来的构思。

## 第三节 为宝宝左右脑开发提供营养：预防宝宝营养不良

**给宝宝的益智健脑食物**

根据国内外现代营养学家长期研究的结果表明，营养是改善脑细胞、使它功能增强的因素之一，也就是说，加强营养可使幼儿变得聪明一些。

大脑主要由脂质（结构脂肪）、蛋白质、糖类、维生素及钙等营养成分构成，其中脂质是主要成分，约占60%。孩子自出生以后，虽然大脑细胞的数目不再增加，但脑细胞的体积不断增加，功能日趋成熟和复杂化。而婴幼儿时期正是大脑体积迅速增加，功能迅速分化的时期，如果能在这个时期供给小儿足够的营养素，为脑细胞体积的增加和功能的分化提供必要的物质基础，将对小儿大脑发育和智力发展起到重要的作用。因此，父母应尽量为幼儿选择下列各类益智健脑的食品。

**1. 深色绿叶菜**

蛋白质食物的新陈代谢会产生一种名为类半胱氨酸的物质，这种物质本身对身体无害，但含量过高会引起认知障碍和心脏病。而且类半胱氨酸一旦氧化，会对动脉血管壁产生毒副作用。维生素$B_6$或$B_{12}$可以防止类半胱氨酸氧化，而深色绿叶菜中维生素含量最高。

**2. 鱼类**

鱼肉脂肪中含有对神经系统具备保护作用的欧米伽—3脂肪酸，有助于健脑。研究表明，每周至少吃一顿鱼特别是三文鱼、沙丁鱼和青鱼的人，与很少吃鱼的人相比较，老年痴呆症的发病率要低很多。吃鱼还有助于加强神经细胞的活动，从而提高学习和记忆能力。

### 3. 全麦制品和糙米

增强肌体营养吸收能力的最佳途径是食用糙米。糙米中含有各种维生素，对于保持认知能力至关重要。

### 4. 大蒜

大脑活动的能量来源主要依靠葡萄糖，要想使葡萄糖发挥应有的作用，就需要有足够量的维生素$B_1$的存在。大蒜本身并不含大量的维生素$B_1$，但它能增强维生素$B_1$的作用，因为大蒜可以和$B_1$产生一种叫"蒜胺"的物质，而蒜胺的作用要远比维生素$B_1$强得多。因此，适当吃些大蒜，可促进葡萄糖转变为大脑能量。

### 5. 鸡蛋

鸡蛋中所含的蛋白质是天然食物中最优良的蛋白质之一，它富含人体所需要的氨基酸，而蛋黄除富含卵磷脂外，还含有丰富的钙、磷、铁以及维生素A、维生素D、维生素B等，适于脑力工作者食用。

### 6. 豆类及其制品

所含的优质蛋白和8种必须氨基酸，这些物质都有助于增强脑血管的机能。另外，还含有卵磷脂、丰富的维生素及其他矿物质，特别适合于脑力工作者。大豆脂肪中含有85.5%的不饱和脂肪酸，其中又以亚麻酸和亚油酸含量很多，它们具有降低人体内胆固醇的作用，对中老年脑力劳动者预防和控制心脑血管疾病尤为有益。

### 7. 核桃和芝麻

现代研究发现，这两种物质营养非常丰富，特别是不饱和脂肪酸含量很高。因此，常吃它们可为大脑提供充足的亚油酸、亚麻酸等分子较小的不饱和脂肪酸，以排除血管中的杂质，提高脑的功能。另外，核桃中含有大量的维生素，对于治疗神经衰弱、失眠症，松弛脑神经的紧张状态，消除大脑疲劳效果很好。

### 8. 水果

菠萝中富含维生素C和重要的微量元素锰，对提高人的记忆力有帮助；柠檬可提高人的接受能力；香蕉可向大脑提供重要的物质酪氨酸，而酪氨酸可使人精力充沛、注意力集中，并能提高人的创造能力。

## 要根据宝宝体重调节饮食

体重轻的小儿，可以在食谱中多安排一些高热量的食物，配上西红柿蛋汤、酸菜汤或虾皮紫菜汤等，开胃又有营养，有利于宝宝体重的增加。

已经超重的小儿，食谱中要减少吃高热量食物的次数，多安排一些粥、汤面、蔬菜等占体积的食物。包饺子和包馅饼时要多放菜少放肉，减少脂肪的摄入量，而且要皮薄馅大，减少碳水化合物的摄入量，吃得太多要适当限量。

超重的小儿要减少甜食，不吃巧克力，不喝含糖的饮料，冰淇淋也要少吃。在食谱中下午3点的小点心可以减少。

但无论小儿体重过轻还是超重，食谱中的蛋白质一定要保证，包括牛奶、鸡蛋、鱼、瘦肉、鸡肉、豆制品等轮换提供。蔬菜、水果每日也必不可少。

## 儿童忌常吃葡萄糖

有不少家长疼爱孩子，把口服葡萄糖作为滋补品，长期代替白糖给孩子吃，牛奶、开水里都放葡萄糖。其实这种做法是不可取的。

这是因为首先口服葡萄糖吃起来甜中带微苦，并有一点药味，还不如白糖和冰糖好吃，多吃几天孩子就会感到厌烦，影响食欲。其次，食用白糖，先要在胃内经过消化酶的分解作用转化为葡萄糖才能被吸收，而食用葡萄糖则可免去转化的过程，直接就可由小肠吸收。但是，如果长期以葡萄糖代替白糖，就会造成胃肠消化酶分泌功能下降，消化功能减退，影响除葡萄糖以外的其他营养素的吸收，导致儿童贫血、维生素、各种微量元素缺乏，抵抗力降低等。

可见，葡萄糖容易消化吸收，对于消化差的病人，尤其是低血糖患者可以及时补充糖分，但作为常用食品，不如白糖、红糖或冰糖，如长期用来代替食糖反而对健康不利。

## 如何预防小儿营养不良

宝宝营养不良的常见临床表现为：

1. 蛋白质缺乏：临床容易疲劳，常伴有贫血，小儿体重减轻，生长发育迟缓，以及对传染病的抵抗力下降等。

2. 脂肪缺乏：小儿容易患脂溶性维生素缺乏症，包括维生素A、维生素D的缺乏等。

3. 糖类缺乏：小儿容易发生低血糖，临床常表现为疲劳、生长发育迟缓。

4. 钙不足：小儿容易发生骨质疏松、骨骼牙齿发育异常，有些患儿可发生低钙抽搐等。

5．磷不足：小儿常有食欲不振，临床易发生软骨病，表现为骨骼和牙齿发育不正常，严重的可发生病理性骨折。

6．钾不足：小儿常出现肌肉无力，严重的可发生心律失常。

7．食物纤维不足：临床常表现为便秘等。

如何预防小儿营养不良的发生十分重要，小儿家长应注意从以下几个方面着手：

1．科学育儿，坚持以母乳喂养，并逐渐增加辅食。小儿断奶一般在一岁左右，炎热夏天或寒冷冬天，或是患病初愈都不宜断奶。

2．维持小儿足够的进食量，注意食物营养成分，保证各种营养物质的消化吸收。

3．积极防治小儿各种急、慢性疾病，对小儿的疾病要及早发现，积极治疗。

4．建立小儿正常的生活制度，保证充足的睡眠时间，加强锻炼，增加户外活动时间，多晒太阳，以增强小儿的体质。

## 第四节 适合宝宝左右脑开发的游戏：小小牙刷手中拿

### 自编儿歌

**游戏目的**

提高宝宝的语言表达能力。自编儿歌的游戏可以增强宝宝的概括能力和表达水平，掌握一种新的语言表达方式。多样化训练可以提升宝宝参与创作的乐趣，从而培养其自信心，提高自身创造力。

**游戏准备**

家中、户外均可。

**游戏步骤**

1. 请妈妈带宝宝一起唱这首儿歌："今天真快乐，大家一起唱歌，大家一起跳舞。小熊维尼有好多朋友，有小猪皮杰和跳跳虎，还有兔子瑞比和驴子屹耳。"

2. 和宝宝一起讨论："儿歌里面都有谁？它们在一起做什么？"帮助宝宝了解儿歌大意。

3. 待宝宝熟悉儿歌以后，可以引导他自己改编儿歌。如"大家一起做操，大家一起喝水。宝宝有很多好朋友，有扬扬和乐乐"等。

4. 带宝宝买水果的时候，和宝宝叨念"今年的枣大丰收"，让宝宝顺着思路说下去，"今年的橘子大丰收"、"今年的苹果大丰收"，等等。

**游戏提醒**

妈妈可以在任何时候，自编一些儿歌和宝宝交流，让宝宝熟悉这种游戏方式。宝宝自编的儿歌不会完全符合妈妈的要求，妈妈千万不要打断、指责。

## 小小牙刷手中拿

**游戏目的**

学会刷牙。3岁的宝宝具有强烈的独立意识，这个时期是培养宝宝良好生活习惯的最佳时期，在游戏中融入生活技能训练，让宝宝在玩中学到刷牙的方法。对于独生子女来说，自立精神将会影响其今后一生的发展，在竞争激烈的未来社会，一个勇敢、独立的人才会被社会所接纳。

**游戏准备**

儿童牙刷、牙膏、牙杯。

**游戏步骤**

1. 妈妈先熟悉歌谣。
2. 给宝宝示范接水、挤牙膏、刷牙的动作。
3. 按照歌谣顺序指导宝宝学会刷牙。

附：儿歌《刷牙歌》

水杯接水半杯满，牙刷入杯要浸湿，

挤出牙膏黄豆大，再给牙膏戴帽子。

喝喝水来漱漱口，小小牙刷手中拿。

上牙从上向下刷，下牙从下向上刷，

咬合面来回刷，内侧里面也要刷。

刷完牙漱漱口，牙膏沫沫吐出来。

牙刷牙杯洗一洗,轻轻摆来放整齐。

刷完牙擦擦嘴,牙齿白净人人夸。

**游戏提醒**

1. 每次用完牙刷后要彻底洗涤,并将水分尽量甩去,将牙刷头朝上放在漱口杯里,或者放在通风有日光的地方,使它干燥而杀菌。

2. 刷毛已散开或卷曲、失去弹性的旧牙刷,必须及时更换,否则对牙齿和牙龈不利。

## 找找看

**游戏目的**

通过训练,让宝宝在活动中学说主谓语完整的句子,锻炼宝宝的语言表达能力,从而开发宝宝的大脑。

**游戏准备**

一个小布口袋或盒子一类的容器,几个布娃娃、小汽车、皮球、摇铃、喇叭等玩具。

**游戏步骤**

1. 家长把玩具都装在小布口袋里,然后向宝宝念儿歌:"奇妙的口袋东西多,让我先来摸一摸,摸一摸,摸出来看看是什么?"

2. 家长摸出皮球,问宝宝:"这是什么?"

3. 待宝宝回答之后,家长再拍拍皮球,问宝宝:"我在做什么?"启发孩子说出:"你在拍皮球。"

4. 家长给宝宝做出示范以后,让宝宝接着来摸,对摸出来的玩具,要求宝宝说出是什么,然后再玩这个玩具;接着家长再问"宝宝在做什么"等问题,锻炼宝宝学会说主谓语完整的句子。此训练可以反复进行。

**游戏提醒**

通过从口袋里往外拿玩具,能提高宝宝对物体形状的感知。

## 学数数

**游戏目的**

训练宝宝行走能力。这个年龄段的宝宝已经能够左右脚交替着灵活地走楼梯了。上下楼梯时,让宝宝数数,可以提高宝宝独立行走的兴趣,同时练习口与脚的动作一致性。一一对应地数数,可培养宝宝对数字的感知能力,同时还能完善身体运动协调能力,让宝宝全面均衡地发展。

**游戏准备**

带宝宝到楼梯多的建筑物走楼梯。

**游戏步骤**

1. 牵着宝宝的手,边走楼梯边数台阶。
2. 在迈一只脚时数"1",迈另一只脚时数"2",交替进行。
3. 也可以引导宝宝在上楼梯时从"1"数到"10",下楼梯时,引导宝宝从"10"数到"1"。
4. 带宝宝去爬山,也可以一边爬一边数台阶,增加爬山的乐趣。

**游戏提醒**

1. 开始可以选择比较矮的台阶进行训练。
2. 视宝宝的体力进行锻炼,一次不要让宝宝走太多层台阶,中间可以让宝宝适时休息一下,喝点水。

### 射球进门 ★ ★

◐ 游戏目的

通过踢球，发展宝宝的腿部肌肉、身体平衡能力，从而发展宝宝右脑的肢体平衡能力。

◐ 游戏准备

彩色皮球。

◐ 游戏步骤

1. 爸爸将两个木杆立起，当作球门。
2. 爸爸先拿着球，告诉宝宝训练规则，鼓励宝宝把球踢进球门。
3. 让宝宝站在离球门1米处，启发宝宝将球踢进球门。
4. 当宝宝的球进入了球门时，爸爸要欢呼庆祝，激发宝宝的游戏兴趣。

·游戏提醒·

爸爸应该有耐心地教宝宝如何踢球，让宝宝产生兴趣。

### 敲一敲，听一听 ★ ★

◐ 游戏目的

让宝宝感知声音的高低。听觉训练不仅是听力水平训练，宝宝通过敲击，可以提高辨别声音高低的能力，从而发展宝宝的音乐智能。适当的听觉刺激会促进宝宝在情感上与人沟通及语言方面的发展，并培养宝宝积极、乐于接受外界事物的态度。

◐ 游戏准备

两个相同大小的玻璃水瓶。

◯ **游戏步骤**

1. 一个水瓶装满水，另一个装1/3的水。

2. 让宝宝用筷子敲一敲，哪个瓶子发出的声音高，哪个瓶子发出的声音低。

3. 也可以多找一些瓶子，分别装不同分量的水，让宝宝用筷子敲击，听听声音的高低。

4. 还可以找出家里的锅、碗、盘子、盆等，用筷子敲击它们，使之发出不同的声响，感受用力敲和轻轻敲的区别。

**游戏提醒**

1. 宝宝的听觉器官发育还不成熟，注意敲击的声音不要过大。

2. 有条件可以使用真正的乐器，效果会更好。

## 找图片

◯ **游戏目的**

记忆力训练。3岁左右的宝宝，再现（回忆）的能力有很大发展，能用行动表现出初步的回忆能力。这个游戏可以进一步发展宝宝的记忆和对应能力。宝宝的知识经验来自于观察，良好观察力是获得知识经验的前提条件。从小有意识地训练，可以让宝宝养成善于观察、善于学习的好品格。

◯ **游戏准备**

小熊、小狗、小兔的图片各一张。

◯ **游戏步骤**

1. 妈妈把三张图片放在地板上，要求宝宝记住这几张动物图片。

2. 宝宝闭上眼睛，妈妈悄悄拿走一张，再让宝宝睁开眼睛看看少了哪一张。

3. 将三张图片倒扣在地板上,让宝宝记住它们对应的位置。

4. 妈妈问:"小熊在哪儿?"让宝宝凭记忆找出小熊藏在哪儿。

5. 小狗、小兔图片的游戏玩法以此类推。

6. 互换角色,让宝宝藏,妈妈猜。

**游戏提醒**

1. 动物图片可以根据家里情况来选择。

2. 图片数量可以根据宝宝的实际能力增加或减少。

### 大家一起做游戏

**游戏目的**

通过安排宝宝和同龄的孩子一起玩团体游戏,培养宝宝的合作交往能力,提升宝宝的右脑人际交往能力。

**游戏准备**

球、玩具等。

**游戏步骤**

1. 安排宝宝和同龄的孩子玩团体游戏。

2. 鼓励团体活动,并提供足够的玩具。

3. 安排需要两个人合作的活动,如互相滚球、过家家等。

4. 将一块硬纸板架在书上制造一个斜面,指导宝宝从高处轻推玩具卡车,使它滚到下面,让一个宝宝推车,另一个宝宝去接,然后交换位置。

5. 让两个宝宝彼此相距1米左右坐着,要他们一来一往地推球或是推玩具车,若他们做得好,要予以称赞。

🏷 **游戏提醒**

与大家一起玩游戏可以培养宝宝的团队意识。

### 和爸爸妈妈赛跑

◯ **游戏目的**

这个训练除了能让宝宝积极地、创造性地制定训练规则外,还能让宝宝了解玩游戏最重要的是每个人都有赢的机会,每个人都能享受游戏的乐趣。

◯ **游戏准备**

较宽敞的场地、书本、乒乓球,爸爸妈妈要鼓励宝宝和自己一起跑步。

◯ **游戏步骤**

1. 爸爸妈妈对宝宝说,要和宝宝一起比赛跑步。

2. 一开始,当然是爸爸妈妈会赢了。这时家长再启发宝宝可以制定规则,怎样给爸爸妈妈设置难关。

3. 爸爸妈妈可以用书本、乒乓球提示宝宝,譬如让爸爸顶书本、妈妈双膝夹住乒乓球等,再跟宝宝赛跑。

4. 如果还是水平悬殊,还可以让宝宝给爸爸妈妈提出新的规则。

🏷 **游戏提醒**

如果爸爸妈妈能全身心地投入游戏,就能为宝宝树立最好的行为榜样,也最能让宝宝获得成功的满足感。

### 滚一滚，认一认

**游戏目的**

提高宝宝的运动能力。滚球可以锻炼宝宝的手部力量和敏捷性，还可以锻炼手眼协调能力。在游戏中学习汉字和数字，可以让宝宝感到轻松和快乐，提高自主学习能力，更好地适应今后的学校生活。

**游戏准备**

纯净空水瓶若干，彩纸、水彩笔、皮球、空纸盒各一个。

**游戏步骤**

1. 妈妈在彩纸上写一些汉字或数字，放进瓶子里，每个瓶子放一张。

2. 将瓶子按一定距离并排放好，让宝宝在瓶子前方1米左右处蹲下，滚动皮球将瓶子撞倒。

3. 每撞倒一个瓶子，让宝宝将彩纸取出并打开，认一认相应的汉字或数字。

**游戏提醒**

1. 开始时可以少放几个瓶子，当宝宝撞倒瓶子的准确率较高时，再逐渐增加瓶子数量或调远距离。

2. 彩纸上汉字或数字的难易程度视宝宝的能力而定。

## 第五节 31—33个月智能开发效果测评

### 31—33个月宝宝的智能测评

**1. 答**

谁的鼻子长？谁的耳朵长？谁爱吃草？谁爱吃鱼？谁会生蛋？谁能挤奶？谁会看家？谁会拉车？谁会过沙漠？谁会耕田？每对1问记2分。

以10分为合格

**2. 准备三幅图**

一幅是一辆汽车缺少一个轮胎，一幅是一座房子缺少门，一幅是一个公鸡游泳。让宝宝从这三幅图中找出缺少的部分和错误之处，每对1图记5分。

以10分为合格

**3. 哪边多还是一样多**

（1：3）（2：3）（2：2）（3：4）（3：3）（4：5）（4：4），每对一问记1分。

以5分为合格：

4. 会解结大骨扣、小骨扣、挖扣、布扣、粘扣、裤钩，每种记1分。

以5分为合格：

5. 折纸：

正方形折成长方形，再折成小正方形；正方形折成三角形，再折成小三角形，会折完一种记5分。

以10分为合格

6. 拼图：

用贺年卡切成2、3、4、5、6、7、8块，每拼对1套记1分。

以5分为合格

7. 口答反义词：

大、上、长、高、肥、亮、白、甜、软、深、重、远、慢、厚、粗、精，对上1对记1分。

以10分为合格

8. 回答故事的问题：

谁？在何处？准备干什么？遇见了谁？事情有何变化？结局如何？说明什么问题？要记住什么教训？每对一问记1分。

以5分为合格

9. 玩包剪锤游戏：

A. 知输赢（5分）

B. 及时出手（3分）

C. 不及时出手（2分）

以5分为合格

10. **随音乐敲鼓：**

   A．合上节拍（5分）　　　　B．略慢（4分）

   C．分清强拍、弱拍（3分）　D．乱敲（1分）

   以5分为合格

11. **学刷牙：**

   A．上下刷（6分）　　　　　B．会刷（5分）

   C．要大人挤牙膏刷（3分）　D．吞水（0分）

   以5分为合格

12. **穿鞋、袜、背心、裤衩：**

   会穿4种记5分）鞋分左右袜、提后跟各加2分。

   以5分为合格

13. **下楼梯：**

   A．交替双足自己下楼梯（10分）

   B．双足踏一台阶（8分）

   C．大人牵下楼（6分）

   D．大人抱下楼（0分）

   以10分为合格

14. **抛球：**

   A．举手过肩抛2米（5分）

   B．抛1米（4分）

   C．抛向后（3分）

   D．滚球（2分）E.抛中目标（加2分）

   以5分为合格

15. 单足站稳不扶：

A. 1分钟（5分）     B. 半分钟（4分）

C. 10秒（3分）     D. 5秒（2分）

以5分为合格

### 结果分析

1、2、3题测认知能力，应得25分；

4、5、6题测手的精巧，应得20分；

7、8题测语言能力，应得15分；

9、10题测社交能力，应得20分；

11、12题测自理能力，应得10分；

13、14、15题测运动能力，应得20分，共可得110分，总分90—110分为正常范围，120分以上为优秀，70分以下为暂时落后。哪道题在及格以下，可先复习上月相应试题，通过后再练习本月的题。哪道题在优秀以上，可跨月练习下月同组的试题，使优点更加突出。

♥ Part 10

## 宝宝34—36个月：拿着球拍学打球

    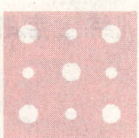

## 第一节 开发宝宝的左脑：听录音讲故事

**训练宝宝的语言能力**

训练复合句。除了简单句以外，家长应有意让宝宝说一些带关联词的复合句。如"如果今天不下雨，我们全家都到公园去玩。""尽管我有缺点，但我一改正了，就是好宝宝"等，这可是一次不小的进步！

详细讲述一幅图。妈妈可准备一幅图，让宝宝看后详细讲述图的内容。起初宝宝只会说出图中最显眼的一种东西的名称，如"大象"。妈妈提醒并问："它在干什么？"宝宝说："大象在吹喇叭呀。"妈妈又问："大象在什么地方？"宝宝说："在大森林里。"妈妈问："大象吹喇叭给谁听呀？"是呀，大森林里又没有人，又没有其他动物，不过宝宝看到了奇怪的东西，就说："大象的头上有花帽子，背上披着花毯子，不知它要干什么。"妈妈帮助他说："要去演杂技吧？""对了！对了！"宝宝很同意。于是，妈妈要求宝宝从头到尾把这幅图画说清楚。宝宝开始叙述："森林里有一只大象，它披上漂亮的毯子，戴上好看的帽子，一面吹喇叭一面走去演杂技。"

妈妈无论打开哪一幅图，都同宝宝一起研究这幅图是在说什么，让宝宝详细地叙述这幅图。把几幅连续的图讲清楚了，宝宝就会自己讲故事了。

复述一段录音。让宝宝听一段很短的录音故事，听完之后，让他用自己的话把故事说出来。例如听了一段龟兔赛跑的故事，或看了这个故事的录像后，请宝宝把故事讲给妈妈听。宝宝的叙述会很简单："小兔同乌龟赛跑，乌龟赢了。"妈妈肯定要问："为什么乌龟会赢？"宝宝补充说："兔子睡着了。"妈妈再追问："为什么赛跑时兔子会睡觉呢？"宝宝说："兔子看到路边的萝卜好吃，吃饱了就睡着了。"妈妈又问："如果你去赛跑，你会不会在路上吃东西呢？"宝宝说："不行，那一定要输的。"妈妈又问："为什么兔子不怕输呢？"宝宝说："因为兔子跑得快啊，它比乌龟快多了。"妈妈说："对了，因为兔子骄傲，觉得乌龟不能同自己比，睡一觉也不要紧。"妈妈做了许多提示，再请宝宝从头到尾讲一遍，使宝宝的叙述能力又提高了一步。

留给他20分钟。爸爸妈妈即使工作再忙，每天也要给宝宝留出20分钟，听听宝宝有些什么话要说。宝宝不懂得20分钟有多长，有时一言不发。爸爸妈妈要提醒他："还有最后的5分钟。"

鼓励他把最想讲的话说出来。有时宝宝要父母给他讲故事，父母也可以用故事来引起他说话的兴趣。父子及母子之间的交谈是最宝贵的，要养成经常交谈的习惯，使宝宝把心里所想的或解决不了的问题说出来，大家讨论解决，才能使宝宝成为与父母无话不说的好朋友，并且在每一件大小事上评论它的意义和价值，让父母的观点对宝宝产生影响。有时在最后的1分钟宝宝才说出心里的郁闷，这时通过几句话就可化解，这比用棍棒强迫好得多。宝宝既锻炼了语言能力，也改变了对事物的看法，有利于塑造良好的性格。

### 训练宝宝的精细动作能力

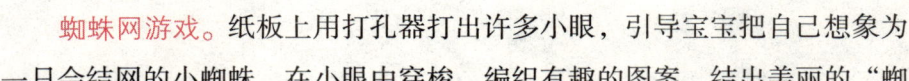

蜘蛛网游戏。纸板上用打孔器打出许多小眼，引导宝宝把自己想象为一只会结网的小蜘蛛，在小眼中穿梭，编织有趣的图案，结出美丽的"蜘

蛛网"。用彩色的毛线穿网效果最好，如果没有也可以用鞋带代替。还可以引导宝宝编出其他的图案，激发宝宝的想象力。

**手指角力赛**。让两个小宝宝各自伸出一根手指，与对方的一根手指相对，如拇指对拇指，然后互相用力，看谁的力气较大，能把别人的手指推到旁边去。如果家长和宝宝比赛，注意只要稍稍用力就可以了，能感受到小宝宝用力即可。

**折纸**。妈妈准备两张正方形的彩纸，教宝宝先把纸对折过来，边对齐，角也对齐，把中间压平，这时白纸从正方形变为长方形。妈妈再把长方形从长边对折，得到小的正方形。宝宝知道了大正方形折一下可以变成长方形，长方形再折可以变成小正方形。用两张正方形的白纸，把两个对角比齐，对折后，得出一个大三角形。再把大三角形的两个锐角对齐，把角的两个边也对齐，然后把纸压平，得出小三角形。这样，宝宝就知道了正方形对角折，可变成大三角形，再对角折就变成小三角形。妈妈再用一张正方形的白纸，先折成大三角形，再把两个锐角往里折，做成小狗的两个耳朵，在中间画一道做鼻子，鼻子上方有两个眼睛，下面画个三角嘴，成为狗头。这是妈妈和宝宝共同做的第一个玩具，宝宝如果想做，折纸的部分让宝宝做，画脸的部分可以让妈妈帮忙。这样，宝宝就学会了做自己的第一个玩具。

**陀螺**。有些陀螺是单个的，用单手或双手去搓，陀螺就转起来。如果陀螺转得慢了，可以用一条软的鞭子去抽它，使它又转起来。另一种是带有齿轮的，用力拉走鞭子时，陀螺就会掉下而且转起来。如果拉得好，陀螺转的时间会很长。几个孩子在一起玩，可以比赛，看谁的陀螺转的时间最长。无论用手去搓，或用力拉走鞭子都有技巧性，不能只知用力，用力不当陀螺落地不正，转不了几回就停了。只有陀螺与地面垂直，才能转得平稳，转的时间长。孩子们在一起玩，只要互相学习，常常能学到新的本领。

### 训练宝宝的数学逻辑能力

**背数到几**。个别宝宝可以背数到100，有些宝宝可数到50、40、30、20和10不等，这要看平时在家是否经常练习。能否数得多取决于9—10的进位上，用数数器能帮助宝宝进位时少发生错误。学会用算盘数数的宝宝，可以看十位上的珠子数，也不容易数错。宝宝学会背数之后，点数就容易多了。可以背数到100的宝宝能点数到30，背数到50的宝宝能点数到20，背数到30的宝宝能点数到10，所以背数是点数的基础。背数较多的宝宝背诵的儿歌和唐诗也多些，因为这些都是按顺序的记忆过程，是左脑语言中枢发育的结果，一般女孩在这方面占优势。所以练习背数如同背儿歌一样，也是促进左脑语言中枢发育的方法之一。练习点数时要求手口同步，由于手的动作要在3岁半以后才会变得更加灵活，所以到3岁半时背数与点数一致，4岁后点数可以多过背数，因为有东西作为直观的提示，点数不容易出错。

**能拿几个**。2岁时宝宝只会拿3个，2岁半时可以拿4—5个，3岁时可以拿5—8个。会拿的数目才是宝宝真正能理解的数目。在会拿的数目之内，父母拿走几个，宝宝马上能看出来，会再逐个放回去，也能说出是几个。有些宝宝虽然背数的总数并不太多，但拿取的数目多，也算是数学能力良好的宝宝。这取决于数学理解能力，借用形来理解，所以也是形象思维的能力，是右脑的能力，往往男孩子占优势。所以不能说谁背数最多就说谁数学能力最强，也应当考虑谁拿得多，拿得多的孩子数学能力也同样出色。

**记几位数**。有些宝宝在2岁时就能背自己家里7—8位的电话号码，较多的2岁半的宝宝能分别记住奶奶家、姥姥家或其他亲人的电话号码，或者爸爸、妈妈的办公室的电话号码。

3岁的宝宝能记住爸爸或妈妈的手机号码，即能记住11位数。这些能力都是近年来电话普及以后的事。

记忆一连串的数字本来是十分枯燥的事，但是如果这个号码与自己的生活息息相关，尤其是宝宝在想妈妈时曾打通过这个号码，这几个数字就会使宝宝铭记不忘。会记数的宝宝，如同已经认字的宝宝一样，比从未认字的孩子学认字容易得多，因为可以做内部的比较和联系。记忆数字也是智力开发的方法之一，锻炼的部位在大脑边缘叶的海马回内。

**小天平。** 父母可以准备一些小天平玩具给宝宝用，如果没有，父母也可以自己造。最简单的方法是用一个晾衣架，在衣架两端的弯钩上，各吊上一个小框，就做成一个小天平。

让宝宝试着在天平两边放同样大的方积木，如果一样多，天平就能持平，否则多的一边会下垂。

有一种天平带有大小不同的数字，宝宝想让天平持平可以两边都挂同样的数字，或者可以自己试着配。如果一边挂3，另一边挂一个1和一个2。虽然宝宝只是在游戏，只是用手随便搭配，但玩多了自己也能总结出规律，就是数的组成。

不过宝宝没有必要了解太多，就是让他随便挂，或者让他猜挂什么就能持平，通过猜宝宝慢慢就知道规律。这样的游戏对将来宝宝学习算术加减法都会有好处的。

## 训练宝宝的视觉空间能力

**会画三角形。** 宝宝画图可以从点和线开始，画弯线封口成圆。到2岁半前后宝宝已会画方形，开头只能画出一个直角，后来直角增多。过4—5个月宝宝才会画锐角，开头画的三角形也只有一个角是尖角，其余的角常常是圆的，凑合着把口闭上。但是宝宝会画三角形就会画房顶，下面加上方形或长方形就成房子了。

所有宝宝都喜欢画房子，画自己的家，所以会画三角形让宝宝十分兴奋。三角形还可以做小汽车的上部，下面加两个圈就成；另外，三角形可以画成飞机、火箭等宝宝爱画的东西，使宝宝画画的内容更丰富了。

**连点游戏。**在纸上画许多点，把这些点按着1、2、3、4的次序连起来，就会出现一个东西。宝宝自己先画，如果连不起来再请爸爸妈妈帮助。画出来后，可以自己涂颜色。

**画手印。**宝宝用铅笔可以画出自己左手的手印，让宝宝在纸上多画几个手印。爸爸可把手印剪开，让宝宝说出这是哪一只手的手印。宝宝说："左手呀。"爸爸拿起一个手印放在宝宝的右手上，也能放对，怎能证明是左手的手印呢？宝宝正在纳闷，爸爸用铅笔在手印上加工一下，在一只手的手心画上几条横的掌纹，是手心的图，大拇指向左，就是右手。爸爸又在另一个手印上画上指甲，看得出是手背的图，虽然大拇指也向右，但是看得出是左手。

这个活动让宝宝明白了光是一个手印，很难确定它的左右，因为它可能是手心也可能是手背，如果加上几笔，说明是手心或手背就能明确了。现在宝宝在画图时开始考虑方位，明确自己在画它的哪一方面，使宝宝画图有了进步。

**认脚印。**宝宝同爸爸到海边或游泳池玩的时候，若在沙滩上走路，或用湿的脚在游泳池边的路上走，会出现一排排脚印。爸爸同宝宝一起观看，首先教宝宝分清哪一排是爸爸的脚印，哪一排是宝宝的脚印。然后，随便指一个脚印让宝宝说出是左脚还是右脚的脚印，因为这些走出来的脚印肯定是用脚心压出来的，大拇指都向内，所以小趾在左边的就是左脚，小趾在右边的则是右脚。

有了这种认识，宝宝就能进而分清鞋的左右了。大多数的宝宝在3岁时就能分清鞋的左右，不会穿错。

## 第二节 开发宝宝的右脑：踮着脚尖走路

**训练宝宝的大动作能力**

**羽毛球**。爸爸拿大拍，宝宝拿小拍，两人相对而站，让宝宝练习打羽毛球。一开始，宝宝不会拿拍子，要先练练，爸爸把球抛到宝宝身边，让宝宝用拍子把球打出。经过几次练习，宝宝知道使劲的方法后，才开始两人面对面打球。羽毛球降落不太快，如果宝宝能接着几回球就有了信心继续打球。如果爸爸球打得较好，球的落点固定，宝宝就不必经常跑动，所以不会太累。让宝宝学会发球和接球，以后再把两人的距离拉长。距离长些，可使宝宝跑动起来，以后再进行竞赛性的练习。

羽毛球是比较柔和的球类，适合于较小的宝宝练习，要求宝宝看到球时要估量适合于自己接球的地点，必要时要跑动一段距离才能接球。宝宝只能用小的球拍，一来轻一些，二来短一些，便于宝宝活动。打羽毛球要有技巧，宝宝从羽毛球学起，以后打网球及其他使用球拍的球类就会较方便。

**训练宝宝用脚尖走路**。妈妈在地上画一条"S"形曲线，让宝宝用脚尖在线上走，训练他的平衡能力。如果走得好，要及时鼓励，让他反复做这种练习。

**跳过障碍**。把两三个椅垫分开放在地上，让宝宝跳过一个，再跳过另一个，做连续跳跃。也可以加上宝宝的大娃娃、鞋盒子、积木盒等摆成一个圈，让宝宝走几步跳一跳。还可以打开录音机，妈妈在前面带头，做有节奏的走步和跳跃，使宝宝全身得到活动，增加宝宝的弹跳能力。3岁的宝宝最喜欢跳跃，如果随着音乐伴奏一起跳会使宝宝增加许多兴趣。

边走边跑。早晨梳洗完毕，父母同孩子一起到户外做晨练，走几步跑几步，缓慢开始，然后可以定一个目标，如从第一棵树跑到第二棵树，再走到第三棵树，再跑到第四棵树。用同样的方法再回来。父母的步子大，当父母用正常速度走时宝宝要跑才来得及。所以爸爸妈妈要用慢速度走，也要跑，父母慢速走路和快速走路就能使宝宝边走边跑。每天练习15—20分钟，不宜过长。有了这种经常性的练习，宝宝的体质会有很大改善，胃口好、感冒少、睡得熟。

### 训练宝宝的适应能力

通过画地图让宝宝学会大量的方位知识。在一张大纸上，让宝宝画出房间的墙，并标出窗和门的位置。让宝宝剪出不同颜色、形状的粘贴纸片，代表房间的不同区域，并把这些小纸片贴到大纸上。鼓励他做一张比较精确的室内地图。这将是宝宝理解绘制一个区域过程的良好开端。然后宝宝就能用相似的方法来介绍他自

己小卧室的内部陈设了。

**培养宝宝的竞争意识。**首先我们应该让宝宝积极地介入竞争（包括考试、比赛和学习）。不要奖励胜利、惩罚失败。如果宝宝获胜，我们应该祝贺宝宝而不是奖励，也不要马上提出新的目标。其次，就是更多地练习，培养宝宝"在场上"的感觉。通过充足的准备，培养宝宝对于竞争的渴望和兴奋；通过反复的练习，增强宝宝对压力的承受能力，以及意志的顽强、策略的灵活。根据宝宝的愿望尽可能多地创造宝宝参与比赛的机会。如果条件不允许，也可借用其他形式。比如当宝宝做数学题时，我们就引导宝宝假想有一个和他水平差不多的同学，正在和他比赛，看谁能做得又快又好。再比如和宝宝一起从电视上观看宝宝喜欢的比赛，认真聆听解说员的分析，并一起讨论各个参赛者的个人特点和竞争状态。

**培养宝宝的责任心和进取意识。**爸爸妈妈要有意识地让宝宝干一些力所能及的事情，使他们养成做事认真的习惯。宝宝遇到困难，要积极给予指导，提高宝宝克服困难的本领，增进宝宝勇往直前的意识。

**强化宝宝的公德意识。**爸爸妈妈要教育宝宝在公共场所不攀折花木，不乱涂乱画，不随地吐痰；尊敬老人，严守纪律。对宝宝违反公德的行为要及时指正，让宝宝逐渐认识到：良好的社会行为是人格高尚的外在表现。

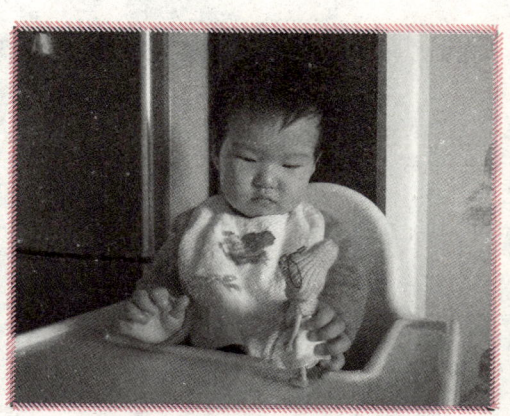

### 训练宝宝的社交行为能力

**学会条理性。** 日常起居，应有一定之规，衣服叠放、起床、入睡时的顺序，必须有序，生活不能散漫，作息时间必须遵守。有了这样一些制约，宝宝会变得严谨和守纪律。切忌此时放松管教，无序无度，最后放荡不羁。

**多向宝宝幼儿园老师要"情报"。** 如果宝宝上幼儿园了，通过和老师的交谈，了解宝宝在幼儿园的情况，如果宝宝的老师认为他确实在学校不合群，那么，试着向老师建议是不是能让宝宝在学习或是课外游戏时间，和其他小朋友结成对子，有意识地多安排他们一起活动。游戏是培养宝宝合作交往能力最有效的手段，父母要多鼓励自己的宝宝参加游戏活动，让宝宝走进别的小朋友中间去玩。通过游戏，帮助宝宝逐步摆脱"自我中心"，融入到群体之中。

**交朋友。** 宝宝喜欢自己的朋友，会对爸爸讲小朋友的事："小佳佳也会唱《春天来了》，老师让我们表演了。"过几天又说："佳佳同我一起盖了一座高房子，是尖顶的。佳佳同我玩沙，我们挖了大河，堆起座高山。"爸爸妈妈都听了许多有关佳佳的事，都为宝宝有了好朋友而高兴。

过几天宝宝伤心地告诉妈妈："佳佳同亮亮一起玩，不同我玩了。"

这时妈妈要安慰宝宝说："不要紧，过几天佳佳会同你玩的。"果然，几天后宝宝又高兴地向妈妈讲有关佳佳的事了。妈妈应鼓励宝宝交朋友，让宝宝对朋友多一些宽容。

## 第三节 为宝宝左右脑开发提供营养：别让零食喧宾夺主

### 零食的选择

零食是指正餐以外的一切小吃，是孩子喜欢吃的小食品，如小饼干、蛋糕、水果等。有人完全不主张给孩子吃零食，因为零食会影响消化及正餐进食量，但多数医生和儿童保健专家认为适当的零食是必要的，因为婴幼儿胃容量小，而新陈代谢旺盛，每餐进食后很快被消化，所以要适当补充一些零食。但零食选择不当或过多，会扰乱孩子正常的消化活动和规律，引起消化系统疾病和营养失衡，影响孩子的身体健康。因此选择零食还要掌握好零食的种类和时间。一个健康的孩子，每日所需热量的三分之一来自于正餐之外的加餐食品（即零食）！正在长身体的儿童，需要较高的能量，而其胃口又较小，每天标准的三餐饭绝对是不够的。而且孩子在生长迅速、能量消耗大的一段时期内，食欲还会变化，因此适当的加餐可保证孩子在下一顿正餐前，体内维持稳定的能量。

哪些品种的零食对于儿童来说最好呢？当然是营养丰富，富含糖类、蛋白质、维生素A和C的食物。这类食品的颜色和形状，应尽可能地丰富多彩，以吸引孩子。烤成有趣形状的全麦面包是很好的选择。

此外，低糖、经烘烤的谷类食品也是有益于健康的食品。如，几种不同外形的、干的、易嚼的饼干、面包等，同葡萄干或其他水果干混合起来，就是一份美味的、营养丰富的儿童小吃。

水果和蔬菜是良好的、健康的饮食结构所必须的原料。孩子每天吃5

份水果和蔬菜最理想，尽可能吃新鲜的水果或喝果汁。值得注意的是，别忘记从纵向撕碎或切断。吃葡萄和樱桃应切成两半，除去核。另外，生的蔬菜和水果蘸果酱吃，味道会更诱人。

牛奶和其他日常食品对幼儿来说也是必不可少的。两岁以下的幼儿需喝全脂牛奶，两岁以上可以喝低脂牛奶。尽可能在加餐零食中多加蔬菜丁或果酱，以满足身体发育对维生素的需求。

加餐食品的菜单中，还应有肉、家禽、鱼、干豆、蛋以及坚果。这些食品中含有正处在生长发育阶段的孩子所必须的蛋白质，并且是人体所需的铁元素的很好来源。

### 幼儿膳食要均衡

蛋白质、脂肪、碳水化合物、维生素、矿物质和水是人体必须的六大营养素，这些都是从食物中获取的。但是不同的食物中所含的营养素不同，其量也不同。为了取得必须的各种营养素，就要摄取多种食物，根据食物所含营养素的特点，我们基本上可以将食物分为下面几类：谷物类、豆类及动物性食品（蛋、奶、畜禽肉、鱼虾等）、果品类、蔬菜类、油脂类。

要使膳食搭配平衡，每天的饮食中必须有上述几类食品。谷物（米、面、杂粮、薯）是每顿的主食，是主要提供热量的食物。蛋白质主要由豆类或动物性食品提供。蛋白质是小儿生长发育所必须的。人体所需的20种氨基酸主要从蛋白质中来，不同来源的蛋白质所含的氨基酸种类不同，每日膳食中豆类和不同的动物性食品要适当地搭配才能获得丰富的氨基酸。蔬菜和水果是提供矿物质和维生素的主要来源。每顿饭都要有一定量的蔬菜才能符合身体需要。水果和蔬菜是不能相互代替的。有些小儿不吃蔬菜，家长就以水果代替是不可取的。因为水果中所含的矿物质一般比蔬菜少，所含维生素种类也不一样。油脂是高热量食物，我国习惯于使用植物油，有些植物油还含有少量脂溶性维生素，如维生素E、K和胡萝卜素等。幼儿每天的饮食中也需要一定量的油脂。有些家庭早饭吃牛奶鸡蛋而没有提供热量的谷类食品，应该添加几片饼干或面包。另一些家庭早餐只吃粥、馒头、小菜，而未提供可利用的蛋白质，这也不符合幼儿生长发育需要。

平衡膳食才会使身体获取全面的营养，也才能使小儿正常生长发育。

### 强化食品不可随便添加

什么叫强化食品呢？就是为了补充天然食品中某些成分的不足，将一种或几种营养素添加到食品中，这种经过添加营养素的食品就叫强化食品。比如赖氨酸挂面、AD钙奶、铁强化米糊、锌强化奶粉、含钙饼干等。

一般来说，我们提倡给孩子吃自然界的天然食品，如五谷杂粮、鱼肉蛋禽和蔬菜水果等，膳食安排合理，孩子又不挑食，不偏食，这样的孩子能够获得全面的营养供给，不一定要吃强化食品，吃多了反而有害。比如赖氨酸可以增加人体对蛋白质的利用率，可以促进儿童生长发育及新陈代谢。如果您的孩子注意了优质蛋白的摄入（鱼、肉、豆制品），赖氨酸是不会缺乏的。不能因为听说赖氨酸挂面吃了对孩子好就给孩子吃。赖氨酸摄入过量会造成食欲减退，体重不增，生长停滞，甚至影响智力发育。

当孩子缺乏某方面的营养素，也可以选用强化食品，但必须要明确您选用的强化食品中强化的正是您的孩子缺乏的营养素，而且必须了解强化营养素的含量及其每日用量，以免食入过多引起中毒。比如为了减少麻烦，有些家长选用AD钙奶来代替鱼肝油和钙片，这种强化食品是可以的，但要了解每250毫升牛奶中含钙多少，含维生素AD多少，小儿每天吃多少奶才够生理需要量。如果糊里糊涂把维生素AD吃多了，会出现副作用，而吃少了又可能患佝偻病。

如果您的孩子缺乏某种营养素，最好请营养医师或保健医师指导，是吃药补充还是吃强化食品，用量应该是多少。千万不要自己随意添加强化食品。

## 第四节 适合宝宝左右脑开发的游戏：玩"保龄球"

### 玩"保龄球"

○ 游戏目的

帮助宝宝练习滚球，手眼协调能打中目标，进而提升宝宝的右脑肢体协调能力。

○ 游戏准备

几个喝饮料剩下的塑料瓶、小球一个、较空旷的场地。

○ 游戏步骤

1. 在离宝宝1—2米的地方，放些空的饮料瓶。
2. 家长教宝宝蹲下使球向饮料瓶滚去

### 游戏提醒

1. 该训练要在宝宝会用手把球滚动的前提下进行。
2. 若宝宝击中目标，家长要表扬宝宝，若击不中目标，就鼓励宝宝把球拾回重来。

### 剪纸花

**游戏目的**

锻炼宝宝手指的灵活性和准确性。活动手指可以刺激大脑的广大区域，而通过思维和观察又可以不断纠正、改善手指动作的精细化程度。眼、手、脑的配合协调能极大地促进宝宝智力的发展。通过不同颜色和形状搭配，可以引导宝宝对色彩和形状的认识和喜爱，提高宝宝的审美能力和艺术感受力。

**游戏准备**

彩色卡纸、胶棒、剪刀、胶条、吸管、铅笔。

**游戏步骤**

1. 妈妈在彩色卡纸上画出不同大小、不同形状的图案。
2. 让宝宝把它们剪下来。
3. 把大小、颜色不同的图形分别粘在一起，做成花朵。
4. 用胶条把吸管固定在花朵的背面。翻过来，一朵漂亮的纸花就完成了。
5. 把彩纸剪成圆形，再通过两次对折找到圆心，沿一条折痕把圆剪开，剪到圆心后把两边粘起来呈漏斗形，再将长短合适的吸管粘在下面，做成小雨伞。

**游戏提醒**

如果没有彩纸，可以在白纸上画出花朵的形状，再用彩笔涂上颜色。

### 折纸游戏

**游戏目的**

提高宝宝操作能力。手的精细动作发展有助于宝宝智力发展，操作能力发展是日后学习任何技能的前提条件。拥有发达空间智能的宝宝更加倾向于从整体上来认识周围环境，空间智能的发展有助于发展观察能力，促进宝宝视觉敏感性和准确性。

**游戏准备**

各种颜色的正方形纸。

**游戏步骤**

1．将正方形的纸对角折成三角形。

2．再将两边的锐角向下折成猫耳朵。

3．把下面的角往上折。

4．把折好的纸翻过来，用笔画上眼睛、鼻子、嘴巴，就是一只可爱的猫咪了。

**游戏提醒**

1．折小猫前让宝宝练习将纸对折，折的时候要提醒宝宝把角对齐、线压平。

2．新纸的边缘很锋利，注意不要划伤宝宝。

## 做个小实验

**游戏目的**

锻炼宝宝发现问题的能力。引导宝宝观察自然界和社会中的事物，多问几个"为什么"，培养宝宝善于发现问题的能力，从而引发其进一步探究事物真谛的兴趣。这个时期的宝宝对一切都充满了好奇，有意识地引导可以激发宝宝的求知欲，提高他探索科学奥秘的兴趣。

**游戏准备**

一个空杯子、一根冰棍儿。

◐ 游戏步骤

1. 引导宝宝观察飞机尾部在天空中留下的一道白烟。
2. 在空杯子里倒入半杯温水，观察杯子上部就会发现有许多水蒸气。
3. 拿冰棍儿靠近杯口，这时杯口上就出现了白烟。

游戏提醒

和宝宝一起查一下资料，找一找这是为什么。

## 遇到危险打紧急电话

◐ 游戏目的

认识紧急电话。生活能力培养需要从点滴入手，这个游戏需要在平日教育的基础上进行，要让宝宝不仅认识，还要能够区分三个电话的不同用途。现代社会存在太多不安全隐患以及各种各样可能造成的伤害，有意识地培养宝宝树立安全防范意识，可以减少灾难的发生，将伤害程度降到最低。

◐ 游戏准备

救护车、消防车、警车图片或玩具。

◐ 游戏步骤

1. 妈妈制作"119"、"110"、"120"，三个卡片。
2. 妈妈拿出救护车图片或玩具说："我生病了，要去医院，宝宝快打电话吧！"鼓励宝宝拿出相应的电话号码卡片。
3. 接着妈妈再设计相应的情节鼓励宝宝拿出相对应的图片和电话号码卡片。
4. 指导宝宝认识电话机上的数字及拨打电话的方法。

**游戏提醒**

要提醒宝宝,只有真正遇到危险时才能打救援电话,不可无故拨打这三个电话。

## 自制小火车

### 游戏目的

锻炼宝宝的手部动作。鼓励宝宝自己动手制作玩具,可以极大地调动宝宝的积极性和参与感,在动手的过程中可以发展手部精细动作能力,促进智力的提高。成功的喜悦将会有助于宝宝积极情感的培养,以造就他们积极进取的优秀品质。

### 游戏准备

几个长方形药盒,一些乐百氏瓶盖,一个小药瓶,一些羊角螺丝、曲别针、锥子,以及彩色卡纸和双面胶。

### 游戏步骤

1．剪掉药盒的一面做火车车厢。

2．在车厢两边用锥子各扎两个孔,把乐百氏瓶盖塞进去,瓶盖就成了轱辘。

3．用羊角螺丝和曲别针把车厢连起来。

4．在每个车厢上面用双面胶贴上几个剪成不同形状的彩色卡纸。

5．用一个最大的药盒当火车头。分别用彩色卡纸剪一扇门和一扇窗,贴在火车头上。

6．在火车头上剪一个小洞,把小药瓶倒着插进去,一个火车烟囱就做好了。

> **游戏提醒**

不要让宝宝使用锥子，有难度的工作还是需要妈妈来动手。

## 练习用筷子

> **游戏目的**

锻炼宝宝小手肌肉的灵活性和控制能力。小肌肉动作发展对宝宝今后的学习非常重要。用筷子夹食物是非常精细的动作，能够很好地发展宝宝的小肌肉动作能力，使用筷子对宝宝来说是一种挑战。随着独立意识的增强，宝宝能够独立做好一些日常生活中力所能及的事情，鼓励宝宝做一些和自己密切相关的事情，也为他养成良好生活习惯以及生活自理能力的提高奠定基础。

> **游戏准备**

一双适合宝宝用的筷子、两个小碗、海绵、棉花、沙包、小玩具等。

> **游戏步骤**

1. 妈妈示范拿筷子，教宝宝正确使用筷子的方法，让宝宝模仿。
2. 把海绵、玩具等放入一个碗中，另一个碗并排挨着，让宝宝把碗中的物体夹到另一个碗中。
3. 拉大两碗的距离，或者换一些比较难夹的物体让宝宝夹。
4. 让宝宝反复练习，吃饭的时候鼓励宝宝使用筷子。

> **游戏提醒**

1. 选择让宝宝夹的物体大小要适中，不要选择表面太光滑的物体。
2. 可以不断变换给宝宝夹的物品，由易到难。
3. 每次练习时间不宜过长，以免宝宝手部肌肉疲劳。

### 单手拍球

**游戏目的**

锻炼宝宝手眼的协调性,提高宝宝的右脑肢体协调能力。

**游戏准备**

2个小球,较空旷的场地。

**游戏步骤**

1. 妈妈与宝宝面对面站好,每人拿一个球。

2. 妈妈说:"宝宝,看妈妈拍球。"妈妈单手拍球,让宝宝学着妈妈的样子拍球。

3. 妈妈换手拍球,说:"宝宝,换手拍球喽。"让宝宝也用另一只手拍球。

**游戏提醒**

要让宝宝双手交替拍球,不要光用右手拍。

### 了解各种工具的用途

**游戏目的**

开发宝宝的想象力,从而训练宝宝右脑的创造性思维能力。

**游戏准备**

一些家庭常用工具,如小钳子、剪刀、小锤子、螺丝刀、小尺子等。

**游戏步骤**

1. 家长先拿起每件东西,告诉宝宝它的名称和用途。比如:这是小钳子,可以用来夹紧东西;这是小尺子,可以用来量长度;这是剪刀,可以用来剪东西等。

2. 当宝宝记住这些工具的名称和用途后，家长可以问宝宝："我要在墙上钉个钉子，应该用什么工具呢？"

3. 等宝宝说对后，再让宝宝把那个工具找出来。家长再问："我有一块木板，想把它分成两块，应该用什么工具呢？"或："这里有一个螺丝钉，我想把它取出来，可以用什么工具呢？"就像这样玩下去。

**游戏提醒**

宝宝在使用工具时一定要注意安全。

## 自己穿衣服

### 游戏目的

训练宝宝的生活自理能力。宝宝乐意模仿成人，希望做一些能够得到成人认可的事，这是一种得到社会赞许的需要，爸爸、妈妈可在宝宝2岁左右时就在宝宝的日常教育中慢慢渗透这种习惯。

### 游戏准备

宝宝的衣服、鞋子若干。

### 游戏步骤

1. 让宝宝自己选服装，配鞋子。

2. 让宝宝依次穿上衣服和鞋子，再给妈妈展示一下。

3. 可以播放轻松欢快的音乐，让宝宝随着节奏走来走去。

### 游戏准备

1. 妈妈要耐心鼓励宝宝，切忌包办代替。

2. 采取适当的激励措施，让宝宝体验到自己穿脱衣服和鞋子的乐趣。

## 第五节 34—36个月智能开发效果测评

### 34—36个月宝宝的智能测评

1. 认数字，（每个记1分）

   A. 背数（每10个记1分） B. 点数取物（每个记1分）

   以10分为合格

2. 按吃、穿、用、玩将物品分类：

   苹果、毛衣、剪刀、铅笔、鸡蛋、勺子、娃娃、伞、碗、西红柿、积木、钥匙、钟、面包、鞋（每个记1分）

   以10分为合格

3. 画圆形、正方、三角形：

   A. 会画圆形一封曲曲线（2分）

   B. 画正方形中有两个直角（3分）

   C. 画1个直角（3分）

   D. 画三角形加（5分）

   以5分为合格：

4. 用剪刀:

A. 会拿剪刀,剪不开(3分)

B. 剪开小口(5分)　　C. 剪条子(6分)

以6分为合格

5. 用钝刀切面团:

A. 有切口但未切断(4分)　　B. 切开两份(5分)

以5分为合格

6. 看图讲1—2句话:

A. 讲物名(4分)

B. 讲5个字以上无形容词(8分)

C. 讲5个字以上有形容词记(10分)

讲出图的特点加4分

以10分为合格

7. 讲一件花毛衣:

A. 有物名、用途、颜色、特点,四项齐全(12分)

B. 不齐全提问后补齐记10分;讲出3项记8分,讲出2项(6分)

以10分为合格

8. 摆饭桌、擦桌子、放凳子、碗筷或勺子:

A. 做四项,数目齐全(12分)

B. 摆上四项,数目不齐(10分)

C. 做三项,数目齐(8分)

做二项,数目齐(6分)

以10分为合格

9. 能找出常用的东西：

剪刀、小刀、肥皂、手纸、铅笔、手绢、故事书、皮球、帽子、袜子、妈妈的书包、爷爷的眼镜、爸爸的书、奶奶的外衣（每种记1分）

以10分为合格

10. 自己洗脚：

脱鞋袜、打肥皂、洗脚缝、擦干、穿上干净袜子和鞋子或拖鞋（每项记2分）

以10分为合格

11. 上厕所：

会用手纸，会整理裤子和衣服，完全自己做记8分，自己做后要帮助清理记6分，独立完成一项记3分。

以6分为合格

12. 穿上衣：分清前后、反正、会结扣

A. 会三项（8分）

B. 会两项（6分）

C. 会一项（3分）

以6分为合格

13. 走平衡木：

A. 自己上，不必扶人和物由起点至终点（6分）

B. 从终点回头走回起点（3分）

C. 扶人扶物（3分）

以6分为合格

14. 单足连续跳跃（不扶物）：

A. 5下（8分）

B. 4下（6分）

C. 3下（4分）

D. 2下（2分）

以6分为合格

### 结果分析

1、2题测认知能力，应得20分；

3、4、5题测手的精巧，应得16分；

6、7题测语言能力，应得20分；

8、9题测社交能力，应得20分；

10、11、12题测自理能力，应得22分；

13、14题测运动能力，应得12分，共可得110分，总分90—110分为正常范围，120分以上为优秀，70分以下为暂时落后。